Positividad y crecimiento

SERIE INTELIGENCIA EMOCIONAL DE HBR

Serie Inteligencia Emocional de HBR

Cómo ser más humano en el entorno profesional

Esta serie sobre inteligencia emocional, extraída de artículos de la *Harvard Business Review*, presenta textos cuidadosamente seleccionados sobre los aspectos humanos de la vida laboral y personal. Estas lecturas, estimulantes y prácticas, ayudan a conseguir el bienestar emocional en el trabajo.

Mindfulness
Resiliencia
Felicidad
Empatía
El auténtico liderazgo
Influencia y persuasión
Cómo tratar con gente difícil
Liderazgo (Leadership Presence)
Propósito, sentido y pasión
Autoconciencia
Focus
Saber escuchar
Confianza
Poder e influencia
IE Virtual
Energía y motivación
Buenos hábitos
Inclusión
Perseverancia
Gestiona la ansiedad
Curiosidad
Seguridad psicológica

Otro libro sobre inteligencia emocional de la *Harvard Business Review*:

Inteligencia Emocional, 3ª edición

Positividad y crecimiento

SERIE INTELIGENCIA EMOCIONAL DE HBR

Reverté Management
Barcelona · México

Harvard Business Review Press
Boston, Massachusetts

Positividad y crecimiento
Serie Inteligencia Emocional de HBR
Positivity and growth.
HBR Emotional Intelligence Series

Loreto 13-15, Local B. 08029 Barcelona – España
revertemanagement.com

Edición en papel
ISBN: 978-84-10121-22-5

Edición ebook
ISBN: 978-84-291-9877-5 (ePub)
ISBN: 978-84-291-9878-2 (PDF)

Editores: Ariela Rodríguez / Ramón Reverté
Coordinación editorial y maquetación: Patricia Reverté
Traducción: Genís Monrabà Bueno
Revisión de textos: M.ª del Carmen García Fernández

Impreso en España – *Printed in Spain*
Depósito legal: B 5947-2025
Impresión: Liberdúplex
Barcelona – España

#137

Contenidos

Positividad y crecimiento

SERIE INTELIGENCIA EMOCIONAL DE HBR

1

Los mejores líderes tienen una energía positiva contagiosa

Emma Seppälä y Kim Cameron

Investigadores y líderes han buscado durante siglos el secreto de un liderazgo exitoso. Cada año, decenas de nuevos libros aseguran haber hallado la respuesta. En nuestro caso decidimos analizar esta cuestión de forma empírica y, al hacerlo, descubrimos que el mejor indicador de éxito en un líder no es su carisma, influencia o poder. Tampoco su personalidad, encanto o brillantez. Lo único que resulta más determinante que todos estos factores es la energía relacional positiva: aquella que se intercambia entre las personas y que las anima, entusiasma y renueva mutuamente.

Aquí encontrarás lo que cualquier líder necesita saber sobre la energía relacional positiva, que hemos identificado como el indicador más infravalorado y a la vez más poderoso para el éxito en el liderazgo y en las empresas.

La importancia de la energía relacional positiva

En nuestro estudio (que incluye entrevistas con miles de líderes y trabajadores, los dos últimos libros que hemos publicado y dos décadas de investigación sobre liderazgo positivo) hemos analizado a las personas centrándonos en sus redes relacionales: comunidades, empresas y familias; y hemos observado que cierto tipo de relaciones en esas redes son, sorprendentemente, enriquecedoras e inspiradoras. El resultado es un rendimiento extraordinario. En realidad, en el centro de estas redes suele haber una persona que es responsable de la mayor parte de los avances (por no hablar del bienestar) del resto. A estos individuos los llamamos *energizantes positivos*.

El mayor secreto de estos energizantes es que, al inspirar a los demás mediante un liderazgo auténtico y con valores, logran inspirar a su vez a la empresa tanto como a sí mismos. Tales dinamizadores positivos practican y cultivan valores honorables como el perdón, la compasión, la humildad, la amabilidad, la confianza, la integridad, la honestidad, la generosidad, la gratitud y el reconocimiento. En consecuencia, todas las partes salen ganando.

La pandemia y los conflictos globales han reducido de forma drástica el bienestar y la energía de muchas personas. Por ello, los líderes energizantes son más relevantes que nunca. Es importante aclarar que la energía positiva no es una demostración superficial o falsa de positividad, como intentar tener pensamientos positivos u obviar el estrés y las presiones que sufren los trabajadores; más bien es una demostración asertiva de valores.

Seguro que has conocido a alguien así. Son como el sol: al entrar en una habitación lo iluminan todo. A su lado la gente se siente con más energía, entusiasmada, inspirada y conectada. Estas personas «luminosas» son los energizantes positivos. En cambio, otros miembros de estas redes son todo lo contrario: dejan a los demás sin energía, desmoralizados y carentes de inspiración. También los conoces: son esos individuos que siempre te chupan la energía. Los hemos llamado «desenergizantes».

Al analizar a estas dos figuras (energizantes y desenergizantes) en un ambiente laboral, nos interesaban en especial los efectos energizantes de los líderes, porque son el factor principal para explicar el rendimiento de una empresa.[1] Y los resultados nos ofrecieron una comprensión extraordinaria de los secretos de cada líder de éxito.

Muchos estudios llevados a cabo por nuestro grupo o por colegas de la disciplina demuestran que los energizantes positivos logran niveles bastante más elevados de compromiso, menor rotación y sentimientos de bienestar entre la plantilla. Eso, en parte, es consecuencia de que en el nivel celular la exposición a la energía relacional mejora el grosor cortical, incrementa la producción de hormonas como la oxitocina y la dopamina en el cerebro, y reduce la inflamación del cuerpo, al tiempo que fortalece el sistema inmune. Por otro lado, en las empresas, los rendimientos para los accionistas suelen ser significativamente mayores. En algunos de nuestros estudios, los resultados en rentabilidad y productividad multiplicaron por cuatro la media del sector.

Las siguientes son las características de la energía relacional positiva. Sabemos que la energía física disminuye con el uso. Por ejemplo, correr una maratón agota; es necesario un tiempo para recuperarse. Bien, pues lo mismo ocurre con la energía mental y emocional: cuando aparece la fatiga es imprescindible un periodo de recuperación. El único tipo de energía que no disminuye, y que además se incrementa con el uso, es la energía relacional positiva. Por ejemplo, pocas veces nos fatiga la gente a la que queremos, apreciamos o que nos ayuda. Y es que la energía relacional positiva se retroalimenta. La habilidad de los líderes para generarla es, en realidad, tan provechosa que otorga a las personas energizantes una gran ventaja: pueden modificar el rumbo de una empresa a punto de quebrar, resolver situaciones desastrosas y revitalizar a una plantilla desmotivada o quemada.

Cómo medimos la energía relacional

Así es como pudimos identificar a las personas energizantes: preguntamos a trabajadores de cientos de empresas (desde pequeñas compañías emergentes hasta corporaciones multinacionales) lo siguiente: «Cuando interactúas con esta persona, ¿qué sucede con tu energía?». En otras palabras, pedimos a cada cual que calificara su nivel de energía después de interactuar con otra persona en su empresa. Por ejemplo, cada miembro de un equipo directivo calificó sus interacciones con cada uno de los otros miembros de ese equipo.

Al revisar los resultados nos quedamos con la boca abierta. Y es que, cuando los líderes transmiten energía relacional positiva, el rendimiento aumenta de forma espectacular.[2] Estas son algunas características de los energizantes positivos:

- Logran un rendimiento mayor que los demás.
- Influyen de forma positiva en el rendimiento ajeno, de modo que otras personas suelen sacar lo mejor de sí en su presencia.
- Se hallan en mayor número en empresas de alto rendimiento respecto a las de rendimiento medio.

Cuando un líder es energizante positivo, las empresas logran mejores resultados[3] en los siguientes ámbitos:

- Innovación (el atributo número uno que buscan los CEO en todos los sectores y países).
- Trabajo en equipo.
- Resultados económicos, incluidas la productividad y la calidad.[4]
- Cohesión en el entorno laboral.

Y cuando un líder es energizante positivo, su equipo obtiene mejores resultados en:

- Satisfacción laboral.
- Bienestar.
- Compromiso.
- Rendimiento.[5]
- Relaciones familiares.

¿Por qué los líderes energizantes positivos tienen tanto éxito?

Existe un término botánico aplicable a estos resultados: el efecto heliotrópico, un fenómeno por el cual las plantas se orientan y crecen según la luz que reciben. En la naturaleza, la luz es la fuerza que da la vida. Por ejemplo, la fotosíntesis solo se produce con su presencia. Los seres humanos sentimos la misma atracción inherente hacia la energía que brinda y sustenta la vida; esta forma de energía es la que das y recibes en tus relaciones con los demás. Décadas de investigación muestran que dicha energía relacional positiva nos nutre y revitaliza. Por ejemplo, un estudio dirigido por la profesora de la UC Irvine Sarah Pressman revela que la importancia de las conexiones sociales positivas es tan determinante que su ausencia es peor que el tabaquismo, la obesidad o la hipertensión (y, además, también reduce la longevidad).[6] En cambio, tener conexiones sociales positivas no solo alarga la vida, sino que refuerza el sistema inmunitario y reduce los niveles de ansiedad y depresión.[7]

En las empresas, estos efectos se manifiestan según el tipo de líder que tengan. Es decir, los líderes energizantes positivos ejercen una influencia enorme en la plantilla, más que casi cualquier otro factor.

Piensa, por ejemplo, en Ashley Bernardi, fundadora y CEO de la empresa de relaciones con los medios Nardi Media. Bernardi, pese a los efectos de la pandemia, duplicó los ingresos de su empresa en el plazo de dos años al modificar su forma de liderazgo. Y eso es algo que todo el mundo puede aprender.

A consecuencia de ciertos problemas de salud, Bernardi cambió su manera de liderar la empresa y a su equipo. Tras sufrir una manifestación incapacitante de la enfermedad de Lyme y una depresión posparto que la dejó postrada en la cama cuando nació su tercer hijo, tuvo una especie de revelación. Su enfermedad le permitió fomentar la comprensión y compasión hacia los demás. Se dio cuenta de que todo el mundo tiene que gestionar los problemas que sufre en su vida personal. De modo que, durante su recuperación, se convirtió en una líder más comprensiva y el negocio empezó a mostrar «brotes verdes». Dedicó tiempo y esfuerzo a establecer un sistema de valores para la empresa (que priorizaba aspectos como la familia o la bondad) y se aseguró de predicar con el ejemplo para que su equipo y sus clientes pudieran crecer en este sentido. Y, por primera vez en su vida, Bernardi empezó a tomarse en serio su salud física y emocional: pasó a practicar con regularidad la meditación, la respiración profunda y el yoga; empezó a correr; priorizó el sueño y el descanso; y sí, incluso se animó a tomarse algunos descansos en horas de trabajo o echarse la siesta. Además, se inscribió en una formación Coursera de Yale sobre la ciencia del bienestar.

Como puedes suponer, Bernardi es una líder energizante positiva. Ella misma lo admite: «En cuanto aprendí a priorizarme, experimenté cambios muy potentes en mi vida: atraje a miembros del equipo que se motivaban entre sí y se alineaban con mis valores fundamentales, uno de los cuales es la amabilidad. De ese modo, fui capaz de reflotar la empresa».

¿Qué hacen los energizantes positivos?

Además de la necesidad de que cada persona que trabaja en la empresa se sienta valorada, respetada y comprometida, hay otros factores clave a tener en cuenta. Y todo el mundo sabe que son determinantes.

Cuando el personal recibe reconocimiento y apoyo, y cuenta con la suficiente motivación, el absentismo laboral disminuye, la productividad y la rentabilidad aumentan, y la calidad y la seguridad son mejores.[8] Pero esto no es lo único que desencadenan los energizantes positivos.

La energía relacional positiva es recíproca. Un enfoque energizante hacia los demás funciona como un mecanismo continuo que incrementa la energía, generando así una abundancia de vitalidad en toda la red. Dicho de otro modo, los energizantes se retroalimentan y tejen redes de energizantes positivos a su alrededor. De esta manera, el efecto heliotrópico crece de forma exponencial para atraer más miembros afines. Parafraseando a la respetada líder Dolly Parton: si tus acciones inspiran a otras personas para que sueñen, aprendan y además sean mejores, entonces es que eres un líder energizante. Muchos estudios sobre el liderazgo positivo demuestran que los líderes que se preocupan por ayudar a los demás son bastante más eficaces que quienes solo prestan atención a los logros y el éxito personal.[9] Sus organizaciones y sus empleados sobresalen.

Pero, aun así, ¿las empresas pueden avanzar con líderes que en vez de generar energía consumen la de los demás? Por supuesto que pueden, pero solo a corto plazo. Las evidencias empíricas no dejan lugar a dudas: la energía positiva es mucho más eficaz a largo plazo. Y es que con el tiempo la gente acaba aborreciendo a los líderes desenergizantes que consumen su vida y su energía, y ese no es un riesgo que un líder quiera correr en medio de una crisis o una oportunidad de negocio. En cambio, la energía heliotrópica se renueva de forma constante y fomenta la concentración, la confianza y una dedicación plena a los objetivos de la empresa. De manera literal, el personal se orientará en pos de la luz que necesita para florecer.

La doctora EMMA SEPPÄLÄ es miembro del equipo docente de la Escuela de Administración de Yale y directora de profesorado del Programa de Liderazgo Femenino de esa misma institución. Asimismo, es autora de los bestsellers *Sovereign* y *The Happiness Track*, y directora científica del Centro de Investigación y Educación sobre Compasión y Altruismo de la Universidad de Stanford. Puedes seguir su trabajo en emmaseppala.com, iamsov.com o en Instagram. El doctor **KIM CAMERON** es profesor de la cátedra «William Russell Kelly» de Gestión y Organizaciones en la Escuela de Negocios Ross de la Universidad de Michigan, y autor de *Positive Leadership, Practicing Positive Leadership* y *Positively Energizing Leadership.*

Notas

1. Kim Cameron, *Positively Energizing Leadership: Virtuous Actions and Relationships That Create High Performance* (Oakland, CA: Berrett-Koehler, 2021); Kim Cameron, *Positive Leadership: Strategies for Extraordinary Performance* (Oakland, CA: Berrett-Koehler, 2012).
2. Gretchen M. Spreitzer y Kim S. Cameron, eds., *The Oxford Handbook of Positive Organizational Scholarship, Oxford Library of Psychology* (Oxford: Oxford Academic, 2012), https://doi.org/10.1093/oxfordhb/9780199734610.001.0001; D. S. Bright, K. S. Cameron y A. Caza, «The Amplifying and Buffering Effects of Virtuousness in Downsized Organizations», *Journal of Business Ethics* 64 (2006): 249–269, https://doi.org/10.1007/s10551-005-5904-4
3. K. S. Cameron, D. Bright y A. Caza, «Exploring the Relationships between Organizational Virtuousness and Performance», *American*

Behavioral Scientist 47, n.º 6 (2004): 766–790, https://doi.org/10.1177/0002764203260209

4. K. Cameron, C. Mora, T. Leutscher y M. Calarco, «Effects of Positive Practices on Organizational Effectiveness», *Journal of Applied Behavioral Science* 47, n.º 3 (2011): 266–308, https://doi.org/10.1177/0021886310395514
5. Wayne Baker, «The More You Energize Your Coworkers, the Better Everyone Performs», hbr.org (15 de septiembre de 2016), https://hbr.org/2016/09/the-energy-you-give-off-at-work-matters
6. Sarah D. Pressman, Brooke N. Jenkins y Judith T. Moskowitz, «Positive Affect and Health: What Do We Know and Where Next Should We Go?», *Annual Review of Psychology* 70 (enero de 2019): 627–650, https://doi.org/10.1146/annurev-psych -010418 -102955
7. S. L. Brown, R. M. Nesse, A. D. Vinokur y D. M. Smith, «Providing Social Support May Be More Beneficial than Receiving It: Results from a Prospective Study of Mortality», *Psychological Science* 14, n.º 4 (2003): 320–327, https://doi.org/10.1111/1467-9280.14461; E. Diener, S. Thapa y L. Tay, «Positive Emotions at Work», *Annual Review of Organizational Psychology and Organizational Behavior* 7 (2020): 451–477, https://doi.org/10.1146/annurev-orgpsych-012119-044908; M. E. P. Seligman, P. Schulman, R. J. DeRubeis y S. D. Hollon, «The Prevention of Depression and Anxiety», *Prevention & Treatment* 2, n.º 1 (1999), Artículo 8a, https://doi.org/10.1037/1522-3736.2.1.28a

8. Emma Seppälä y Kim Cameron, «Proof That Positive Work Cultures Are More Productive», hbr.org (1 de diciembre de 2015), https://hbr.org/2015/12/proof-that-positive-work-cultures-are-more-productive
9. K. Cameron, C. Mora, T. Leutscher y M. Calarco, «Effects of Positive Practices on Organizational Effectiveness», *Journal of Applied Behavioral Science* 47, n.º 3 (2011): 266–308, https://doi.org/10.1177/0021886310395514

Adaptado del contenido publicado en hbr.org, 18 de abril de 2022 (producto #H06ZUL).

2

Contrarrestar la negatividad y progresar

Christine Porath y Mike Porath

La negatividad puede llegar a ser tóxica. Y viene de las noticias que leemos, las redes sociales que utilizamos o las conversaciones que tenemos o escuchamos. Todo el mundo absorbe el estrés de su familia, amistades y colegas de trabajo. Y eso tiene un precio. De hecho, la investigación de Christine ha demostrado que nuestro rendimiento decae cuando nos exponemos a la negatividad o la brusquedad ajenas. Sin ir más lejos, ser testigo de una injusticia afecta a la memoria de trabajo y disminuye el rendimiento;[1] la simple exposición a algo similar reduce la habilidad para procesar y retener información.[2] En situaciones así solemos distanciarnos y reducir la comunicación, y dejamos de ser útiles para los demás. Entonces los pensamientos (o actos) disfuncionales o negativos fluyen sin control.[3]

Por suerte, la investigación de Christine también muestra que existe una forma eficaz de contrarrestar tales efectos:[4] se denomina *thriving* (se puede traducir como «prosperidad», «florecimiento» o «progreso») y se trata de un estado psicológico en el que se experimenta una sensación de vitalidad y la necesidad de aprender. Las personas que lo alcanzan se desarrollan en lugar de estancarse o sentirse agotadas.

En distintos estudios llevados a cabo en sectores variados, Christine ha descubierto que quienes experimentan un estado de prosperidad son personas más sanas y resilientes, y tienen más facilidad para concentrarse en el trabajo. Y es que cuando la gente nota un atisbo de florecimiento tiende a evitar las distracciones, el estrés y la negatividad.[5] En un estudio donde se analizaba a seis empresas de distintos sectores, los trabajadores que alcanzaban este estado mostraron 1,2 veces menos burnout en comparación con sus colegas. Además, confiaban un 52 % más en sí mismos y en su capacidad para tomar el control, y tenían mucha menos tendencia a dejarse arrastrar por la negatividad, las distracciones o las dudas.

Pero, entonces, ¿cómo puedes lograr este estado estando en medio de un lodazal de negatividad? Nuestra investigación destaca algunas estrategias en este sentido.

Evita la negatividad. Presta atención a todo el contenido que consumes. ¿Qué eliges leer, escuchar o ver? ¿Con quién pasas la mayor parte del tiempo? ¿Cuáles son tus referentes? Estas son las fuentes que nos empapan de negatividad. Por eso no lo dudes, aléjate de ella y dirígete hacia el otro extremo.

Cuida tus palabras. El lenguaje negativo es especialmente traicionero y a la vez potente. Por ese motivo, vigila muy mucho lo que dices en voz alta. Sí, quienes te rodean influyen en tu estado de ánimo, pero eres tú quien posee el control sobre tus pensamientos y sentimientos. Y lo que dices también tiene importancia.

Para el estado psicológico, según el difunto Trevor Moawad (coach de condicionamiento mental que trabajó sobre todo con deportistas de élite), verbalizar un pensamiento negativo es diez veces más perjudicial que solo pensarlo.[6]

Por eso mismo es básico pensar cómo planteas y hablas de una situación. Así, en vez de decir «esto es lo peor que he visto» o «esto es una catástrofe», ajusta tu lenguaje para que sea más neutral. Por ejemplo, podrías decir: «Esta situación es un auténtico reto». De esta forma reconoces la oportunidad de aprendizaje y crecimiento. Puedes y debes reconocer la realidad, pero al mismo tiempo tienes el poder de minimizar sus efectos negativos.

Adopta una mentalidad neutra. Los pensamientos negativos y las preocupaciones nos desvían del buen camino. Los seres humanos somos más eficaces afrontando tareas básicas.[7] Por otro lado, los pensamientos recurrentes a largo plazo se asocian con el deterioro cognitivo y la enfermedad de Alzheimer.[8] Además, perjudican a los demás, porque la gente que nos rodea queda expuesta a nuestra negatividad. Es evidente que resulta cómodo permanecer junto a personas tóxicas o no afrontar las situaciones peliagudas. Por supuesto, siempre es posible usar la estrategia de echar balones fuera, rumiar hasta el infinito o analizar en exceso los problemas. Sin embargo, es mucho mejor adoptar una mentalidad proactiva, centrándonos en lo que podemos controlar y lo que debemos hacer a continuación.

La propuesta de Moawad es recurrir al pensamiento neutro, que consiste en evitar hacer juicios, evaluar los problemas y analizar las crisis.[9] Esto implica mantener el foco en el presente, respondiendo a cada situación a medida que se desarrolla y centrándose en cómo influir en la próxima acción. No te dejes atrapar por el análisis de fracasos pasados, ni dominar por miedos o pensamientos sobre el futuro. Enfócate en avanzar, en dar un paso detrás de otro.

Practica la gratitud en cualquier situación. Podríamos llenar páginas y más páginas con los beneficios de la gratitud: reduce el estrés, aumenta la felicidad y nos ayuda a alcanzar metas. Experimentarla de forma rutinaria fomenta que los demás muestren una mejor disposición a ayudarnos, y eso reduce el estrés y sus efectos negativos.[10] Ser una persona agradecida es, en especial, provechoso cuando se practica junto con el pensamiento neutral.

Cuida tu energía para mantener el bienestar. También puedes aumentar tu resiliencia frente a la negatividad y promover tu crecimiento personal haciendo ejercicio, comiendo de forma saludable y descansando bien, hábitos que todo el mundo sabe que debe seguir, pero que a menudo descuidamos cuando nos abruma la negatividad. El ejercicio hace que los músculos liberen las llamadas «moléculas de la esperanza», que benefician la salud mental y física.[11] Estos efectos se potencian si haces ejercicio al aire libre, en compañía de otras personas o mientras escuchas música.

La alimentación saludable también juega un papel clave en la reducción de la negatividad. ¿Cómo manejas la frustración cuando tienes hambre? La falta de energía disminuye la capacidad de autocontrol y la paciencia. Asimismo el sueño, por otro lado, es fundamental:[12] su privación afecta la capacidad de autorregulación y autocontrol, lo que puede incrementar la negatividad. Las investigaciones al respecto han relacionado dormir mal con frustración, impaciencia, hostilidad, ansiedad, bajos niveles de alegría, desconfianza, comportamientos inadecuados en el trabajo y actitudes poco éticas.[13] Además, la falta de sueño deteriora las relaciones en un entorno laboral y disminuye la disposición para ayudar a los demás.[14]

Busca relaciones positivas, tanto en el trabajo como fuera de él. La investigación de Christine reveló que las relaciones desenergizantes (aquellas en las que una persona expresa juicios, sentimientos e intenciones negativos hacia otra) tienen un impacto entre cuatro y siete veces mayor en la sensación de prosperidad de un miembro de la plantilla de una empresa que las relaciones *energizantes* y positivas. Así que para contrarrestar estos efectos rodéate de personas que te estimulen, te hagan sonreír y te suban el ánimo. Procura pasar más tiempo con ellas.

Es posible, aun así, que no seas capaz de detener el flujo de negatividad en tu vida, pero sí puedes resistir sus efectos tóxicos tomando decisiones inteligentes como elegir con quién te juntas, adoptar una mentalidad positiva y tener cuidado con la información que consumes. De esta manera no solo estarás mejor, sino que quienes te rodean también lo estarán.

CHRISTINE PORATH es profesora en la Escuela de Negocios Kenan-Flagler de la Universidad de Carolina del Norte en Chapel Hill, y como consultora ayuda a las empresas a generar entornos laborales prósperos. Es autora de *Mastering Community: The Surprising Ways Coming Together Moves Us from Surviving to Thriving* y *Mastering Civility: A Manifesto for the Workplace*, además de coautora de *The Cost of Bad Behavior*. MIKE PORATH es el fundador y CEO de The Mighty, la comunidad de salud más grande del mundo. Antes fue periodista en *ABC News*, *NBC News* y *The New York Times*.

Notas

1. Christine L. Porath y Amir Erez, «Overlooked but Not Untouched: How Rudeness Reduces Onlookers' Performance on Routine and Creative Tasks», *Organizational Behavior and Human Decision Processes* 109, n.º 1 (2009): 29–44, https://doi.org/10.1016/j.obhdp.2009.01.003
2. Christine Porath, *Mastering Civility: A Manifesto for the Workplace* (Nueva York: Balance, 2016).
3. Porath, *Mastering Civility.*
4. Gretchen M. Spreitzer y Christine Porath, «Creating Sustainable Performance», *Harvard Business Review* (enero y febrero de 2012): 92–99.
5. Christine Porath, «An Antidote to Incivility», *Harvard Business Review* (abril de 2016): 108–111.
6. Trevor Moawad, *It Takes What It Takes: How to Think Neutrally and Gain Control of Your Life* (Nueva York: HarperOne, 2020).
7. R. L. Metzger, M. L. Miller, M. Cohen, M. Sofka y T. D. Borkovec, «Worry Changes Decision Making: The Effect of Negative Thoughts on Cognitive Processing», *Journal of Clinical Psychology* 46 (1990): 78–88, https://doi.org/10.1002/1097-4679(199001)46:1<78:AIDJCLP2270460113>3.0.CO;2-R
8. N. L. Marchant, L. R. Lovland, R. Jones *et al.*, «Repetitive Negative Thinking Is Associated with Amyloid, Tau, and Cognitive Decline», *Alzheimer's and Dementia* 16 (2020): 1054–1064, https://doi.org/10.1002/alz.12116

9. Moawad, *It Takes What It Takes.*
10. A. M. Wood, J. Maltby, R. Gillett, P. A. Linley y S. Joseph, «The Role of Gratitude in the Development of Social Support, Stress, and Depression: Two Longitudinal Studies, *Journal of Research in Personality* 42, n.º 4 (2008): 854–871, https://doi.org/10.1016/j.jrp.2007.11.003
11. K. McGonigal, *The Joy of Movement: How Exercise Helps Us Find Happiness, Hope, Connection, and Courage* (New York: Avery, 2020).
12. Matt Walker, «Sleep Is Your Superpower», TED2019 (abril de 2019), https://www.ted.com/talks/matt_walker_sleep_is_your_superpower?language=en
13. J. A. Caldwell, J. L. Caldwell y R. M. Schmidt, «Alertness Management Strategies for Operational Contexts». *Sleep Medicine Reviews* 12, n.º 4 (2008): 257–273, doi:10.1016/j.smrv.2008.01.002; C. Anderson y D. L. Dickinson, «Bargaining and Trust: The Effects of 36-Hour Total Sleep Deprivation on Socially Interactive Decisions», *Journal of Sleep Research* 1, n.º 19 (2010): 54–63, doi:10.1111/j.1365-2869.2009.00767; Michael S. Christian y Aleksander P. J. Ellis, «Examining the Effects of Sleep Deprivation on Workplace Deviance: A Self-Regulatory Perspective», *Academy of Management Journal* 54, n.º 5 (2011): 913–934, https://doi.org/10.5465/amj.2010.0179; Christopher M. Barnes, John Schaubroeck, Megan Huth y Sonia Ghumman, «Lack of Sleep and Unethical Conduct», *Organizational Behavior and Human Decision Processes* 115, n.º 2 (2011):169–180, https://doi.org/10.1016/j.obhdp.2011.01.009

14. Cristiano Guarana y Christopher Barnes, «Lack of Sleep and the Development of Leader-Follower Relationships Over Time», *Organizational Behavior and Human Decision Processes* 141 (2017): 57–73, 10.1016/j.obhdp.2017.04.003; Matthew Walker, Why We Sleep: Unlocking the Power of Sleep and Dreams (New York: Scribner, 2018).

Adaptado de «How to Thrive When Everything Feels Terrible», en hbr.org, 30 de octubre de 2020 (producto #H05Z04).

3

Usa la gratitud para crecer

Christopher Littlefield

Cuando la incertidumbre afecta a tu vida, tu trabajo o el mundo, tal vez sientas lo mismo que al disputar una carrera sin línea de meta o tratar de resolver un puzle a ciegas: todo parece incierto y el peor panorama posible te aguarda a la vuelta de la esquina.

Resulta evidente que este no es el estado mental ideal. Pero ¿qué podemos hacer para contrarrestar los efectos de la incertidumbre en nuestro bienestar? Pues, aunque es posible que no llegue a la raíz de tus problemas, la investigación sobre el tema ha revelado que la gratitud puede contribuir a recuperar el equilibrio.[1]

«La gratitud es una emoción que nos sustenta y una gran forma de equilibrar esa mentalidad negativa que surge de la incertidumbre», asegura el doctor Guy Winch, autor de *Primeros auxilios emocionales*. Cuando expresamos gratitud, el cerebro libera dopamina y serotonina, dos hormonas que nos hacen sentir más ligereza y felicidad. Por tanto, si queremos cuidar la mente, comprender cómo funciona este sentimiento es una herramienta fundamental.

Pero, antes de que tomes la herramienta, vamos a descubrir por qué la gratitud es tan relevante. La experimentamos cuando dejamos de enfocarnos en lo que no tenemos y valoramos lo que tenemos, y siempre que dedicamos tiempo a apreciar a quienes han contribuido de forma positiva en nuestra vida. Tras casi una década de investigación, el doctor Robert Emmons (el principal experto en gratitud) ha descubierto que las personas que la practican con regularidad están más sanas, son más felices y tienen mejores relaciones. Y otras investigaciones también sugieren que la gratitud es clave para ayudar a individuos y equipos a no desfallecer ante cualquier reto.[2]

Piensa en tu mente como si fuera tu sistema digestivo: aquello que ingieres influye en cómo te sientes. Si la «atiborras» con un flujo constante de preocupaciones, envidia, resentimiento y autocrítica (junto con toda suerte de noticias negativas de los medios y las redes sociales), tu bienestar mental se verá comprometido.[3] Por tanto, practicar la gratitud es como empezar una dieta saludable para tu cerebro.

En su artículo «¿Por qué es buena la gratitud?», el doctor Emmons dice que «no puedes experimentar envidia y agradecimiento al mismo tiempo. Son sentimientos incompatibles, porque si sientes gratitud no puedes tener resentimiento hacia alguien por poseer cosas que tú no tienes».[4] Su investigación reveló que las personas con altos niveles de gratitud presentan bajos niveles de resentimiento y envidia. Así, al pensar en aquello por lo que debemos sentir agradecimiento, elegimos las emociones positivas sobre las negativas, y empezamos a cuidar nuestra salud mental y nuestro bienestar.

Pero ¿cómo es posible activar este sentimiento? Bien, es muy simple. Hay que tomarse un tiempo para elegir dónde centrar la atención.

Cómo estimular la gratitud

¿Te has percatado de que cuando quieres comprarte un teléfono o una chaqueta de pronto todo el mundo los tiene? Esto es así porque, de manera consciente o inconsciente, nos concentramos en aquello que queremos ver. Por consiguiente, si pretendemos estimular la gratitud es necesario cambiar de forma intencionada el foco de atención hacia aquello que nos hace sentir agradecimiento. La forma más simple de hacerlo es mediante ciertas preguntas y rutinas.

Tómate un descanso y reflexiona

Cuando te sientas en un estado de preocupación constante o de obsesión por lo que no va bien en tu vida, tómate un descanso y plantéate algunas de las siguientes preguntas:

1. ¿Qué es lo último que he aprendido que me haya ayudado a crecer?
2. ¿Qué oportunidades tengo a mi alcance, por las que debería sentir gratitud?
3. ¿Cuáles de mis habilidades estoy pasando por alto?
4. ¿Qué he hecho bien durante este último mes?
5. ¿A quién me alegra ver cada día en el trabajo y por qué?
6. ¿Hay alguien con quien no hablo a menudo, pero que si lo perdiera mañana sería devastador para mí? (Tómate esto como una señal para ponerte en contacto con esa persona).
7. ¿En qué he mejorado durante el último año?

8. ¿Qué objeto que utilizo a diario debería agradecer?

9. ¿Alguien ha hecho algo por mí de forma reciente y debería agradecérselo?

10. ¿Por qué tres cosas debería experimentar agradecimiento ahora mismo?

Al dedicar tiempo a escribir las respuestas diriges de un modo consciente la atención hacia lo que agradeces. Además, esta es una excelente manera de reflexionar y descubrir que lo que en su momento parecía insignificante fue, en realidad, lo que te trajo alegría.

Escribe un diario de agradecimientos

Otra práctica muy común es llevar un diario de agradecimientos. Jae Ellard, fundadora de la consultoría para empresas Simple Intentions, recomienda acabar el día con pensamientos de gratitud. Ella aconseja dedicar unos minutos al principio y al final de la jornada para reflexionar sobre lo que nos permite sentir agradecimiento. Puede ser desde la fruta con yogur que comiste de postre hasta la salud de tu familia. Por su parte, el doctor Winch sugiere la práctica de «redactar un párrafo cada día sobre algo por lo que sintamos un agradecimiento verdadero, y por qué eso nos resulta tan importante». Según él, «esto permite introducir pensamientos y sentimientos positivos en un estado mental que está demasiado enfocado en lo negativo». Otra posibilidad es centrar el ejercicio de agradecimiento en las cosas significativas de nuestra vida de las que tenemos cierta seguridad, como las amistades, las pasiones o la familia, recordándonos al hacerlo que, aunque la incertidumbre existe en algunos aspectos de la vida, la certeza prevalece en muchos otros.

Incorpóralo a tu rutina

Mi mujer, nuestra hija de cuatro años y yo empezamos cada comida compartiendo algo por lo que sintamos gratitud. Puede ser nuestra salud, la comida que tenemos en la mesa o el hecho de vivir momentos de ocio en familia. Aunque mi hija, al principio, se mostraba algo reticente con este ejercicio, ahora es la primera en recordárnoslo si intentamos probar bocado antes de hacerlo.

Hace poco conocí a alguien que ha empezado a compartir una foto cada día en LinkedIn sobre algo por lo que se siente agradecido, acompañándola de una explicación del motivo. Esta rutina no solo lo ayuda a enfocarse en lo positivo, sino que también inspira a más personas a seguir su ejemplo.

Otra forma de incorporar un ritual de gratitud es iniciar o cerrar cada reunión con un minuto dedicado a los agradecimientos. Elige una o dos preguntas de las mencionadas antes e invita a los participantes a compartir sus respuestas.

Si queremos progresar incluso en tiempos de incertidumbre, cultivar la gratitud puede ser una herramienta poderosa para afrontar los desafíos.

CHRISTOPHER LITTLEFIELD es conferenciante internacional especializado en reconocimiento de trabajadores y cultura corporativa, además de haber fundado Beyond Thank You. Ha formado a miles de líderes en seis continentes para generar culturas empresariales en las que las personas se sientan valoradas todos los días. Es colaborador habitual de *Forbes* y la *Harvard Business Review*, y autor del exitoso libro *75+ Team Building Activities for Remote Teams*. Puedes encontrar más consejos y recursos suyos en www.beyondthankyou.com

Notas

1. Summer Allen, «The Science of Gratitude», (John Templeton Foundation by the Greater Good Science Center at University of California at Berkeley, mayo de 2018).
2. David DeSteno, «How to Cultivate Gratitude, Compassion, and Pride on Your Team», hbr.org (20 de febrero de 2018), https://hbr.org/2018/02/how-to-cultivate-gratitude-compassion-and-pride-on-your-team
3. Markham Heid, «You Asked: Is It Bad for You to Read the News Constantly?», Time.com (19 de mayo de 2020), https://time.com/5125894/is-reading-news-bad-for-you/
4. Robert Emmons, «Why Gratitude Is Good», *Greater Good Magazine* (16 de noviembre de 2010).

Adaptado de «Use Gratitude to Counter Stress and Uncertainty», en hbr.org, 20 de octubre de 2020.

4

Cómo mitigar el impacto negativo de la positividad tóxica

Vasundhara Sawhney

«Todo saldrá bien. No te preocupes». Esto fue lo que me dijo mi madre antes de colgar el teléfono, tras contarme que ella y mi padre habían dado positivo por COVID en los primeros días de la pandemia. Pero yo tenía motivos para estar preocupada.

El mundo se me vino encima. Mi padre tenía problemas de salud y, con ambos enfermos, la situación era límite. ¿Recibirían los cuidados necesarios para recuperarse? ¿Cómo podía evitar la desesperación? Me pasé todo el día llamando a los amigos cercanos que no tendrían problema en escuchar mis miedos más profundos. Y todos ellos me dedicaron palabras de ánimo y consejos cargados de positividad:

- Intenta mantener una actitud positiva.
- Céntrate en lo positivo.
- Podría ser mucho peor, deberías estar agradecida.
- Todo esto pasará.

Aunque una de las respuestas destacó entre las demás: «Es normal que te sientas así. Son tus padres».

Al oír eso fui capaz al fin de recuperar el aliento. Necesitaba confirmar que sentirme de ese modo era más normal que enterrar mis emociones y fingir que no existían.

Mis padres tardaron 28 días en dar negativo. Yo estaba mental, física y emocionalmente agotada. Y, aun así, a la única persona que no le oculté mi verdadero estado fue a ese amigo que no consideró mis emociones negativas como algo perjudicial. Con todos los demás ponía cara de póquer y decía que estaba bien.

Meses más tarde, mientras intentaba distraerme con alguna película sencilla de Netflix, descubrí en el catálogo un drama coreano titulado *Está bien no estar bien*. El título me llevó de vuelta a esas estresantes semanas en las que estuve fingiendo. ¿Por qué todo el mundo intentaba endulzar la situación cuando yo lo único que quería era recuperar la calma? ¿Por qué recibí tal cantidad de mensajes que apelaban a las «vibraciones positivas»?

Lo busqué en Internet.

Fue entonces cuando descubrí el concepto de *positividad tóxica*. La doctora Jaime Zuckerman, psicóloga clínica y terapeuta cognitivo-conductual, describe este fenómeno como «la suposición (ya sea por uno mismo o por otras personas) de que, a pesar del dolor emocional de alguien o de una situación difícil, solo deberíamos tener una mentalidad positiva o *vibraciones positivas*».[1]

La doctora Zuckerman ejerce en la actualidad en su consulta privada cerca de Filadelfia. Es especialista en el tratamiento de adultos con trastornos del estado de ánimo y ansiedad. Ella ayuda a sus pacientes a desarrollar límites saludables en sus relaciones y se enfoca en especial en el impacto negativo que la positividad tóxica tiene en sus vidas. Me puse en contacto con ella para saber más sobre la positividad tóxica y por qué es perjudicial.

Esto es lo que aprendí.

La positividad tóxica no solo invalida tus emociones, también incrementa el efecto de las emociones secundarias

Según la doctora Zuckerman, «el problema inherente a este concepto es que asumimos que si una persona no está animada (o no actúa o se comporta como creemos que debería hacerlo una persona positiva), entonces, de alguna manera, es que está enfocando mal el problema o sus sentimientos no son apropiados. Sin embargo, cuando invalidamos el estado emocional de alguien (o, en este caso, cuando le decimos que estar triste o enfadarse, o experimentar cualquier emoción que consideremos *negativa* está mal) provocamos en ese individuo emociones secundarias como la vergüenza, la culpa o la humillación».

En otras palabras, estamos comunicándole a otra persona que debería avergonzarse por estar triste o tener miedo. «Los esfuerzos por evitar, ignorar o reprimir emociones adecuadas al contexto pueden aislar a una persona en un momento de necesidad, perpetuando así el estigma de que los problemas de salud mental equivalen a una debilidad de carácter», señaló la doctora Zuckerman.

En realidad, está bien no estar bien

«No solo es que esté bien no sentirse bien, sino que además es indispensable. Una respuesta emocional anormal a una situación anormal *es* lo más normal del mundo. No podemos elegir nuestras emociones, no funcionan de ese modo», me explicó la doctora Zuckerman. Estar triste y preocupada por mis padres cuando enfermaron era normal. Llorar después de discutir con tu pareja también lo es, igual que sentir miedo o ansiedad ante un futuro incierto. Cuando pensamos que podríamos perder algo que nos importa, es lógico estar tristes; si no sabemos qué puede pasar, es razonable tener miedo. Debemos autopermitirnos, y permitirles a las personas que nos rodean, experimentar estas emociones cuando surgen.

La doctora Zuckerman señaló que «darse permiso para *no* sentirse bien implica aceptar todos los sentimientos, pensamientos o sensaciones, y afrontarlos hasta que pasen. Si intentas evitarlos, suprimirlos o ignorarlos, se harán más fuertes y te abrumarán, te dejarán con la sensación de que eres incapaz de afrontarlos».

Recuerda que las emociones no son permanentes: la ira o la tristeza, como la felicidad o la alegría, van y vienen. Si de verdad queremos gestionar estos sentimientos, es necesario que los experimentemos.

Ocultar tu malestar solo echa más leña al fuego

«Cuanto más evitamos afrontar el malestar interno, más aislamiento y ansiedad podemos experimentar, y tendremos más posibilidades de caer en una depresión», me contó la doctora Zuckerman. Por tanto, no solo hemos de sentir; además, tenemos que reconocer nuestras legítimas respuestas emocionales.

«Al fingir que un dolor emocional no existe estamos mandando al cerebro el mensaje de que cualquiera que sea nuestra emoción es de alguna forma dañina o peligrosa —comentó la doctora—. Y si el cerebro cree que está en peligro, el cuerpo actúa en consecuencia; y, por ende, podemos experimentar taquicardia, respiración agitada y una necesidad imperiosa de evitar (de forma innecesaria) una situación de peligro que hemos percibido así por error. Al eludir cualquier tipo de malestar emocional, incluso el dolor físico, terminamos, sin querer, amplificando esas emociones, haciéndolas más intensas y abrumadoras. La evidencia científica nos dice que, si no afrontamos ni procesamos las emociones de manera eficaz y a tiempo, esto puede desencadenar una variedad de problemas psicológicos, como trastornos del sueño, mayor consumo de sustancias nocivas, riesgo elevado de respuestas agudas al estrés, ansiedad, depresión e incluso trastorno de estrés postraumático».

Existe una forma mejor de gestionar las emociones

Si aún no te has convencido de que una excesiva positividad puede ser tóxica, considera su efecto en las personas que te importan (incluyéndote a ti): tal vez sientas que estás brindando apoyo al transmitir afirmaciones positivas a un amigo que atraviesa un momento difícil, pero en realidad podrías estar invalidando sus sentimientos y haciéndole daño cuando ya está en una situación vulnerable. Tus afirmaciones positivas pueden comunicar en realidad la idea de que tu amigo es incapaz de gestionar sus emociones por sí mismo. Incluso podrías, de forma involuntaria, estar haciéndole *«luz de gas»*, es decir, sugiriendo que no existe un problema real. La positividad tóxica echa sobre la persona la carga de fingir una respuesta emocional inadecuada a lo que está viviendo en realidad.

Cuando te encuentres con alguien en apuros, adopta una actitud positiva, pero no le des ánimos a menos que te lo pida.

En lugar de eso, la doctora Zuckerman recomienda emplear frases que validen los sentimientos de la otra persona y le hagan saber que estás ahí para apoyarla sin esperar nada a cambio. También puedes usar estas frases para hablarte a ti y validar tus propios sentimientos, como por ejemplo: «Está bien que te sientas así. Tus sentimientos son válidos», o «Tómate tu tiempo. Estoy contigo y te escucho».

Siente tus emociones. Afróntalas. Acepta su existencia. Y deja que los demás también vivan su ola emocional. No hay nada malo en ello.

VASUNDHARA SAWHNEY es editora sénior en la *Harvard Business Review*.

Nota

1. Simone Marie, «Toxic Positivity' Is Real—and It's a Big Problem During the Pandemic», *Healthline* (4 de julio de 2023), https:// www.healthline.com/health/mental-health/toxic-positivity-during-the-pandemic

Adaptado de «It's Okay to Not Be Okay»,
en hbr.org, 10 de noviembre de 2020.

5

Inmunízate frente al estrés «de segunda mano» y la negatividad

Shawn Achor y Michelle Gielan

En la última década hemos descubierto que nuestro cerebro está configurado para el contagio emocional. Las emociones se propagan mediante las neuronas espejo, una red neuronal inalámbrica que nos permite empatizar con otras personas y comprender lo que sienten. Cuando ves que alguien bosteza, las neuronas espejo son capaces de activarse y replicar ese bostezo; tu cuerpo capta la respuesta a la fatiga de una persona que está sentada al otro lado de la habitación y reacciona. Pero no solo se propagan las sonrisas y los bostezos; también podemos captar la negatividad, el estrés y la incertidumbre, como si fuéramos fumadores pasivos.

Los investigadores Howard Friedman y Ronald Riggio, de la Universidad de California, descubrieron que, si alguien dentro de tu campo visual muestra ansiedad y la expresa de algún modo (ya sea de forma verbal o no verbal), es muy probable que termines experimentando esa misma emoción, lo que puede perjudicar al rendimiento de tu cerebro.[1]

Observar a alguien con estrés (sobre todo si es un colega de trabajo o un familiar) puede tener un efecto inmediato en tu sistema nervioso. Un grupo de investigadores independiente halló que el 26 % de las personas presentan niveles elevados de cortisol solo por observar a alguien que sufre estrés.[2] Su estudio reveló, además, que el estrés «de segunda mano» o indirecto es mucho más contagioso cuando proviene de alguien muy allegado (por ejemplo, tu pareja) en comparación con un desconocido, aunque el 24 % de los participantes manifestaron una respuesta de estrés al ver una escena estresante en vídeo junto a extraños. (Esto debería hacernos reflexionar sobre si es buena idea ver *Breaking Bad* antes de irnos a dormir).

Cuando tu taxista toca el claxon con furia, su ansiedad quizá te acompañe todo el trayecto. Si un miembro de la directiva de tu empresa irrumpe a toda prisa en tu despacho, es capaz de contagiarte su estrés e influir en tu forma de intercambiar ideas en el trabajo. Incluso el personal de una oficina bancaria, estando al otro lado de una mampara de vidrio, puede percibir el pánico de alguien solo por observar su lenguaje no verbal.

Según Heidi Hanna, colega del Instituto Americano del Estrés y autora del libro *Stressaholic*, el estrés de segunda mano o pasivo es una consecuencia de nuestra habilidad innata para percibir posibles amenazas en el entorno. «La mayoría de la gente ha sufrido la experiencia de que alguien le provoque una respuesta de estrés con solo cruzar la puerta. Puede ser una reacción condicionada por interacciones previas, pero también podría tratarse de una comunicación energética a través de sutiles cambios en los ritmos biomecánicos, como la frecuencia cardíaca o la respiración», asegura Hanna. Las señales que desencadenan este tipo de estrés indirecto suelen ser muy sutiles, pero sus efectos pueden ser significativos.

De hecho, no es necesario ver u oír a alguien para que te contagie su estrés; también puede llegarte mediante el olfato. Investigaciones recientes han revelado que el estrés es responsable de que el cerebro libere ciertas hormonas con la sudoración, hormonas que otras personas pueden percibir con el sentido del olfato.[3] Tu cerebro es capaz incluso de detectar si esas «feromonas de alarma» se liberaron debido a un nivel de estrés alto o bajo. Es decir, que la negatividad y el estrés pueden acabar colándose en tu despacho... por debajo de la puerta.

A medida que la investigación avanza, hemos podido comprobar que la negatividad que «captamos» de otras personas es capaz de afectar a cualquier resultado empresarial y educativo que sea medible. Y de forma más reciente se ha demostrado que nos afecta incluso en el nivel celular, reduciendo así nuestra esperanza de vida.[4] Según *Before Happiness*, empresas como Ritz-Carlton y Ochsner Health Systems, conscientes de los efectos del estrés de segunda mano, han comenzado a acondicionar zonas «libres de estrés» para sus trabajadores cuando están cerca de clientes o pacientes.[5] También un paciente que observe a una enfermera estresada podría contagiarse de su negatividad al evaluar la atención que recibe; eso sin mencionar que una mentalidad positiva se vincula de forma estrecha a mejores resultados de salud, tal como lo expone Tom Rath en *Wellbeing*.[6]

En el hiperconectado mundo laboral actual nos hallamos en permanente exposición a otras personas. Esto significa que las emociones negativas y el estrés son más contagiosos según tu grado de exposición a los comentarios negativos, los medios de comunicación, las redes sociales, el lenguaje corporal de quienes presentan programas de noticias financieras, o el estrés de la gente que viaja junto a ti en transporte público o con la que coincides en cualquier sitio público donde sea posible captar las expresiones no verbales del resto. En este mundo hiperconectado, insistimos, es necesario hallar estrategias para inmunizar nuestro sistema emocional. De lo contrario, corremos el riesgo de padecer los efectos negativos del estrés de segunda mano. Aquí tienes algunas estrategias en este sentido:

Cambia tu respuesta. En una investigación que llevamos a cabo en la compañía de banca de inversión UBS, junto con la doctora Alia Crum, del Mind & Body Lab de Stanford, y Peter Salovey, fundador del Yale Center for Emotional Intelligence, descubrimos que al adoptar una mentalidad positiva sobre el estrés y dejar de resistirse a él se puede lograr una reducción del 23 % de sus efectos negativos.[7] Y es que, cuando percibimos el estrés como una amenaza, el cuerpo y la mente no aprovechan sus efectos potenciadores (incluso a niveles altos, el estrés puede fortalecer la resistencia mental, estrechar relaciones, aumentar la conciencia, ofrecer nuevas perspectivas, generar una sensación de control, fomentar un mayor aprecio de la vida, elevar el sentido de propósito y reforzar las propias prioridades). De modo que, en vez de frustrarte con las personas negativas que te rodean e ir contra ello, considera esta situación como una oportunidad para practicar la compasión, o bien como un reto para ayudar a esa persona a adoptar una actitud más positiva. Para obtener más ideas sobre cómo transformar tu actitud hacia el estrés en una más positiva, consulta el recuadro «Qué hacer para que el estrés trabaje a tu favor».

QUÉ HACER PARA QUE EL ESTRÉS TRABAJE A TU FAVOR

Shawn Achor

Con el propósito de que trabajadores y empresas se tomen en serio el estrés, muchos terapeutas o coaches han destacado investigaciones que demuestran que es la principal amenaza para la salud en los Estados Unidos (según la Organización Mundial de la

(Continúa)

QUÉ HACER PARA QUE EL ESTRÉS TRABAJE A TU FAVOR

Salud), que entre el 70 y el 90% de las visitas médicas están relacionadas con problemas derivados del estrés (American Stress Institute) y que el estrés se vincula con las seis principales causas de muerte (Asociación Americana de Psicología).

Pero ¿y si centrarse en el impacto negativo del estrés lo único que consigue es empeorar la situación? ¿Qué pasaría si replanteáramos nuestra forma de pensar sobre el estrés?

Para responder esta pregunta, la investigadora de Yale Alia Crum y yo trabajamos junto a varios altos ejecutivos de UBS con el fin de analizar a 380 gerentes y determinar si era posible transformar el estrés de fuerza debilitante a potenciadora, y lograrlo limitándose a cambiar la mentalidad en el entorno laboral.

Uno de nuestros primeros hallazgos fue que las herramientas corporativas tradicionales para combatir el estrés parecían en realidad *incrementarlo*.

Piénsalo bien: ¿qué sentiste al leer los datos sobre el estrés y su relación con la muerte? En primer lugar, aunque no sufras estrés, este tipo de información lo más normal es que te provoque una respuesta de lucha o huida. El estrés se presenta como una amenaza, por lo que sentimos que debemos afrontarlo o escapar de él, y esto estimula nuestro sistema nervioso simpático. Pero es que si ya sufres cierto estrés, entonces tendrás aún más motivos para angustiarte al saber que está acabando contigo.

Sin embargo, existe un enfoque alternativo que resultó mucho más eficaz. Crum y yo presentamos vídeos de tres minutos a dos grupos de gerentes de UBS. El primer grupo vio uno que destacaba los efectos debilitantes del estrés. El segundo vio otro que mostraba hallazgos científicos sobre los beneficios del estrés para el cerebro y el cuerpo. Aunque esta última

(Continúa)

QUÉ HACER PARA QUE EL ESTRÉS TRABAJE A TU FAVOR

información es menos conocida, es igualmente cierta: cierto grado de estrés puede potenciar las capacidades del cerebro, mejorar la memoria y la inteligencia, aumentar la productividad e incluso acelerar la recuperación de intervenciones médicas como las cirugías de rodilla. La evidencia científica también señala que el estrés, incluso en niveles altos, fortalece la resiliencia mental, ayuda a profundizar en las relaciones, agudiza la percepción, aporta nuevas perspectivas, genera una sensación de control, aumenta el aprecio por la vida y la conciencia de su sentido, y refuerza nuestras prioridades.

Los hallazgos de nuestro estudio fueron reveladores. Cuando la gente percibía el estrés como una herramienta potenciadora y no debilitante, aceptaba su nivel de estrés actual y lo utilizaba a su favor. Y es que sus facetas negativas comenzaron a reducirse, ya que la respuesta de lucha o huida no se activaba.

Esto permitió que esas personas se sintieran más productivas y llenas de energía, además de manifestar una disminución significativa en los síntomas físicos asociados al sufrimiento que provoca el estrés, como dolor de cabeza, molestias en la espalda y fatiga. Asimismo, la evaluación de la productividad mostró un incremento notable, pasando de 1.9 a 2.6 en una escala de 1 a 4. Las puntuaciones sobre la satisfacción con la vida también mejoraron; un factor que, según estudios previos, es uno de los principales indicadores de productividad y felicidad en el trabajo.

Motivados por estos resultados, Crum y yo formamos a 200 gerentes en un programa denominado «Repensando el estrés», enfocado al modo de aprovechar a su favor el estrés en el trabajo. El proceso constaba de tres pasos: reconocer el estrés, comprender el significado que subyace a esa sensación y redirigir la

(Continúa)

respuesta al estrés para mejorar la productividad en relación con ese significado. Los resultados de este segundo experimento fueron aún más notables: no solo disminuyó el sufrimiento asociado, sino que el estrés experimentado por estos gerentes se convirtió en algo potenciador, y mejoró su productividad y su estado de salud.

Nuestra intención no es, por supuesto, insinuar que el estrés es beneficioso de forma intrínseca, ni tampoco desacreditar la literatura que demuestra sus efectos perjudiciales. Más bien buscamos equilibrar la investigación sobre el estrés y destacar que la actitud personal frente a él puede influir en la respuesta que se desencadena.

El estrés en el trabajo es una realidad. Y este estudio no sugiere que alguien deba buscar activamente aumentar su carga de estrés. Algo de estrés es inevitable. Cuando ocurre, considerarlo como un factor positivo en lugar de perjudicial puede reducir el riesgo para la salud y mejorar significativamente la productividad y el rendimiento.

Extraído de «Make Stress Work for You», en hbr.org, 15 de febrero de 2011.

Crea anticuerpos positivos. Necesitamos comportamientos que sean capaces de neutralizar los efectos negativos de una persona estresada. Así que, en lugar de responder al estrés de un colega agobiado con una mueca igualmente incómoda, hazlo con una sonrisa o un gesto de comprensión. De este modo, de repente tú tienes el poder. Como se sugiere en *Broadcasting Happiness*, puedes provocar un «cortocircuito» para interrumpir una interacción negativa.[8] El primer comentario en una conversación suele ser el mejor predictor de su desenlace. Por tanto, en vez de comenzar tus llamadas con frases como «voy al límite» o «estoy muy ocupada», respira hondo y di con calma: «Es un placer hablar contigo».

Inmunízate de forma natural. Una de las mejores barreras contra el estrés ajeno es gozar de una autoestima fuerte y estable. Cuanto más alta sea tu autoestima, más probable será que sientas que puedes enfrentarte a cualquier situación. Si notas que el estado de ánimo ajeno te afecta, detente un segundo y recuérdate todo lo que está yendo bien, y que eres capaz de manejar cualquier reto. El ejercicio físico es una de las mejores maneras de fortalecer la autoestima, ya que cada vez que lo practicas tu cerebro registra una victoria gracias a las endorfinas.

Adopta medidas preventivas. Protégete antes de ir al trabajo o de entrar en ambientes estresantes. Por ejemplo, al comenzar la jornada laboral, lo primero que podemos hacer es pensar en tres cosas por las que sentimos gratitud. Comparto a continuación cinco hábitos de la psicología positiva que ayudan a blindar el cerebro contra las mentalidades negativas ajenas: 1) escribir un breve correo elogiando a alguien que conoces, 2) anotar tres cosas que agradeces, 3) escribir durante dos minutos sobre una experiencia positiva, 4) hacer ejercicio cardiovascular durante treinta minutos, o 5) meditar a solas un par de minutos.[9]

Hoy en día sabemos evitar las zonas de fumadores y nos lavamos las manos después de pasar por aeropuertos y otros espacios llenos de gente, pero en el futuro podríamos llegar a darnos cuenta de que la clave para la salud y la felicidad radica en fortalecer nuestro sistema inmunológico emocional para protegernos del estrés ajeno. Y, por supuesto, no solo eso es relevante: la propia mentalidad también influye en la felicidad de quienes nos rodean. Por tanto, una actitud positiva puede mejorar nuestra vida y la de todas las personas cercanas.

SHAWN ACHOR es autor de los bestsellers del *New York Times* titulados *Big Potential*, *The Happiness Advantage* y *Before Happiness*. En la actualidad ejerce como director de experiencia en BetterUp. Su charla TED es una de las más populares, con más de 26 millones de visitas. Ha dado conferencias e investigado en más de una tercera parte de las empresas de la lista *Fortune 100* y en 50 países, además de haber trabajado con la NFL, el Pentágono y la Casa Blanca. Shawn dirige asimismo una serie de cursos titulada «21 días para inspirar un cambio positivo» en la cadena *Oprah Winfrey Network*. MICHELLE GIELAN, expresentadora de *CBS News* y ahora investigadora sobre psicología positiva en la Universidad de Pensilvania, es autora de *Broadcasting Happiness*. Es conferenciante de renombre internacional y ha llevado a cabo investigaciones pioneras sobre cómo el optimismo impulsa el éxito. Michelle también es productora ejecutiva de *The Happiness Advantage* en la *PBS* y profesora en el curso «Oprah's Happiness».

Notas

1. H. S. Friedman y R. E. Riggio, «Effect of Individual Differences in Nonverbal Expressiveness on Transmission of Emotion», *Journal of Nonverbal Behavior* 6 (1981): 96–104, https://doi.org/10.1007/BF00987285
2. Veronika Engert, Franziska Plessow, Robert Miller, Clemens Kirschbaum y Tania Singer, «Cortisol Increase in Empathic Stress Is Modulated by Emotional Closeness and Observation Modality», *Psychoneuroendocrinology* 45 (2014): 192–201, https://doi.org/10.1016/j.psyneuen.2014.04.005

3. P. Dalton, C. Mauté, C. Jaén y T. Wilson, «Chemosignals of Stress Influence Social Judgments», *PLOS ONE* 8, n.º 10 (2013), https://doi.org/10.1371/journal.pone.0077144
4. Elissa S. Epel, Elizabeth H. Blackburn, Jue Lin, Firdaus S. Dhabhar, Nancy E. Adler, Jason D. Morrow y Richard M. Cawthon, «Accelerated Telomere Shortening in Response to Life Stress», *Proceedings of the National Academy of Sciences* 101, n.º 49 (2004): 17312–17315, https://doi.org/10.1073/pnas.0407162101
5. Shawn Achor, *Before Happiness: The 5 Hidden Keys to Achieving Success, Spreading Happiness, and Sustaining Positive Change* (New York: Currency, 2013).
6. Tom Rath y Jim Harter, *Wellbeing: The Five Essential Elements* (Washington, DC: Gallup Press, 2010).
7. A. J. Crum, P. Salovey y S. Achor, «Rethinking Stress: The Role of Mindsets in Determining the Stress Response», *Journal of Personality and Social Psychology* 104, n.º 4 (2013): 716–733, https://doi.org/10.1037/a0031201
8. Michelle Gielan, *Broadcasting Happiness: The Science of Igniting and Sustaining Positive Change* (Dallas: BenBella Books, 2015).
9. Shawn Achor, «The Happy Secret to Better Work», TEDxBloomington (mayo de 2011), https://www.ted.com/talks/shawn_achor_the_happy_secret_to_better_work?language=en

Adaptado de «Make Yourself Immune to Secondhand Stress», en hbr.org, 2 de septiembre de 2015 (producto #H02BHU).

6

Sé un gran líder con la mentalidad adecuada

Ryan Gottfredson y Chris Reina

La mentalidad o actitud es un filtro mental que determina la información que incorporas y sirve para navegar por y dar sentido a las situaciones que se te presentan. Dicho de otra forma, la mentalidad determina lo que haces y por qué. Por ejemplo, sirve para explicar por qué dos líderes pueden hallarse ante la misma situación (como un desencuentro con un miembro de su equipo), pero procesarla y reaccionar a ella de forma muy distinta. Uno puede entenderla como una amenaza que mengua su autoridad; y el otro tal vez considere la situación como una oportunidad para aprender y seguir creciendo. Cuando los esfuerzos para analizar el liderazgo ignoran la mentalidad, están obviando el modo en que los líderes ven e interpretan problemas y oportunidades como los del ejemplo.

En cualquier caso, es posible que te preguntes: si la actitud es algo tan básico, ¿cuál es la correcta para mí y para mi equipo? Bien, hemos analizado en detalle varios estudios con el fin de comprender los diferentes enfoques mentales que las personas pueden adoptar. Y, en consecuencia, identificamos cuatro continuos de mentalidad que influyen en la capacidad de los líderes para conectar con los demás, gestionar el cambio con éxito y desempeñar de manera más eficaz sus funciones. Veamos cuáles son.

Mentalidad de crecimiento versus mentalidad fija. La mentalidad de crecimiento se basa en la creencia de que las personas, incluido uno mismo, pueden modificar sus cualidades, sus habilidades y sus tipos de inteligencia. En cambio, alguien con mentalidad fija no cree que la gente pueda cambiar ninguno de esos aspectos. Décadas de investigación han revelado que quienes adoptan una mentalidad de crecimiento cuentan con mayor preparación mental para abordar y asumir retos, aprovechar el feedback, adoptar estrategias de resolución de problemas más eficaces, dar a su vez feedback a su equipo y perseverar en la consecución de sus objetivos.[1]

Mentalidad de aprendizaje versus mentalidad de rendimiento. Una mentalidad de aprendizaje implica tener la suficiente motivación para mejorar las propias competencias o dominar una disciplina nueva.[2] En cambio, una mentalidad de rendimiento hace hincapié en buscar juicios favorables (o evitar los adversos) sobre las competencias que ya se tienen. Las personas con una mentalidad de aprendizaje, a diferencia de las que prefieren la de rendimiento, gozan de una mayor preparación mental para mejorar sus habilidades, adoptar estrategias de aprendizaje, buscar feedback y demostrar más capacidad de sacrificio. Además, son más persistentes y flexibles, están dispuestas a cooperar y suelen rendir a un nivel más alto.

Mentalidad reflexiva versus mentalidad implementadora. Las personas con una mentalidad reflexiva son más receptivas a todo tipo de información, y eso les permite pensar y actuar de manera más eficaz. En cambio, quienes adoptan una mentalidad implementadora, como sugiere el nombre, se centran en ejecutar decisiones, lo que limita su receptividad a nuevas ideas o datos. A diferencia de estas últimas, las personas con mentalidad reflexiva suelen tomar mejores decisiones porque son más objetivas y precisas, y se ven menos influenciadas por sesgos en sus análisis o procesos de decisión.[3]

Mentalidad de promoción versus mentalidad de prevención. Los líderes con una mentalidad de promoción se enfocan en ganar y obtener beneficios; identifican un propósito, meta u objetivo y priorizan avanzar hacia él. Por otro lado, quienes tienen una mentalidad de prevención prefieren a toda costa evitar pérdidas y problemas. La investigación al respecto ha revelado que los individuos con mentalidad de promoción suelen pensar de forma más positiva, gozan de mayor apertura al cambio, más perseverancia frente a retos y contratiempos, y ofrecen un mejor rendimiento en las tareas y un comportamiento más innovador en comparación con quienes poseen una mentalidad de prevención.[4]

Al comprender mejor estas mentalidades serás capaz de identificar cuál se ajusta más a tus objetivos y personalizar los programas de feedback, desarrollo y formación que ofrezcas a tu equipo, con el propósito de fomentar las mentalidades más eficaces, tanto en ti como en tu equipo. Un ejemplo destacado de una empresa que aprovechó el poder de los tipos de actitud es el de Microsoft.[5] Entre 2001 y 2014, su capitalización bursátil y el precio de sus acciones permanecieron casi sin variaciones. Sin embargo, en 2014 Satya Nadella se incorporó al equipo directivo y planteó como objetivo renovar la dirección y la cultura corporativa de la compañía. En su libro *Hit Refresh*, Nadella explica que la mentalidad, en particular la de crecimiento, fue el eje central de esta transformación.

Bajo su liderazgo, la capitalización bursátil y el precio de las acciones de Microsoft se han triplicado.

Este es solo un ejemplo de que priorizar el desarrollo de las mentalidades adecuadas —sobre todo las orientadas al crecimiento, el aprendizaje, la reflexión y la promoción— puede potenciar el progreso y desarrollo de líderes y empresas. A medida que cultives estas actitudes, tu forma de pensar, aprender y actuar mejorará de forma natural, porque interpretarás y afrontarás las situaciones con mayor eficacia.

RYAN GOTTFREDSON es profesor de Liderazgo y Gestión en el Mihaylo College of Business and Economics de la Universidad Estatal de California en Fullerton. CHRIS REINA es profesor de Liderazgo y Gestión en el Departamento de Gestión y Emprendimiento, además de ser fundador y director ejecutivo del Institute for Transformative Leadership, en la Universidad Commonwealth de Virginia.

Notas

1. Paul A. M. Van Lange, Arie W. Kruglanski y E. Tory Higgins (eds.), *Handbook of Theories of Social Psychology* (Thousand Oaks, CA: SAGE Publications, 2011).

2. Don Vandewalle, Christina Nerstad y Anders Dysvik, «Goal Orientation: A Review of the Miles Traveled and the Miles to Go», *Annual Review of Organizational Psychology and Organizational Behavior* 6, n.º 1 (2019): 115–144, https://papers.ssrn.com/sol3/papers.cfm?abstract_id=3333283
3. Peter M. Gollwitzer, «Mindset Theo of Action Phases», https://api.semanticscholar.org/CorpusID:5809034
4. Klodiana Lanaj, Chu-Hsiang Chang y Russell Johnson, «Regulatory Focus and Work-Related Outcomes: A To Be a Great Leader, You Need the Right Mindset 81 Review and Meta-Analysis», *Psychological Bulletin* 138, n.º 5 (2012): 998–1034, https://psycnet.apa.org/record/2012-08687-001; Ronit Kark y Dina Van Dijk, «Keep Your Head in the Clouds and Your Feet on the Ground: A Multifocal Review of Leadership–Followership Self-Regulatory Focus», *Academy of Management Annals* 13, n.º 2 (2019): 509–546, https://doi.org/10.5465/annals.2017.0134
5. Microsoft Market Cap 2010–2023, MSFT, macrotrends, https://www.macrotrends.net/stocks/charts/MSFT/microsoft/market-cap

Adaptado del contenido publicado en hbr.org, 17 de enero de 2020 (producto #H05D13).

7

La mentalidad adecuada para el éxito

Entrevista a Carol Dweck, por Sarah Green Carmichael

Tal vez te preguntes por qué algunas personas alcanzan todo su potencial mientras que otras (igual de talentosas) no lo logran. En esta entrevista, la exeditora de la *Harvard Business Review* Sarah Green Carmichael aborda esta cuestión explorando la base científica de la perseverancia y el reconocimiento junto a Carol Dweck, profesora de Stanford y autora de *Mindset: The New Psychology of Success.*

Sarah Green Carmichael: *Tus investigaciones sugieren que la gente con talento que alcanza el éxito suele adoptar una mentalidad de crecimiento. ¿En qué consiste este tipo de mentalidad?*

Carol Dweck: Permíteme empezar explicando lo que significa tener una mentalidad fija: es cuando la gente cree que sus cualidades (su inteligencia, su talento y sus habilidades) son rasgos inmutables. En cambio, quienes tienen una mentalidad de crecimiento se convencen de que incluso las capacidades más básicas pueden desarrollarse con esfuerzo, experiencia, formación y otros recursos. Son estas personas las que se atreven a perseguir sus metas. No están siempre preocupadas por lo inteligentes que parecen, qué aspecto tienen o las consecuencias de sus errores; en lugar de eso, prefieren esforzarse para mejorar y crecer.

Según esto, la mayoría de la gente no querrá tener una mentalidad fija. Entonces, ¿por qué acabamos adoptándola?

A veces, quienes ya han tenido éxito en momentos pasados pueden acabar con una mentalidad fija. Son esa gente que sacó buenas notas en el instituto, de la que todo el mundo esperaba mucho, que obtuvo alguna beca y enseguida ocupó un puesto de liderazgo. Por eso es posible que este tipo de persona se crea los halagos y piense: «Ya lo he logrado todo». Pero eso puede llevarles a temer cometer errores y dañar su imagen. De este modo, por miedo a salir de su zona de confort quizá eviten asumir riesgos o desarrollar otras habilidades que podrían llegar a dominar en el futuro.

En contraste, puedes encontrarte con otras personas que a primera vista *no* parecían destinadas al éxito, pero que han logrado resultados extraordinarios. Son quienes no tenían una imagen que proteger ni cargaban con el peso de las expectativas ajenas. En su lugar, se dejaron guiar por sus propios intereses o valores, y dedicaron tiempo a desarrollar sus habilidades.

¿Es posible caer en esa mentalidad en cualquier momento? Por ejemplo, si te nombran CEO de una empresa, digamos, a los cuarenta y cinco años, ¿puedes aún caer en esa trampa?

Sí, puede ocurrir. Mucha gente me ha contado que, cuando la ascendieron a un cargo de prestigio, de pronto empezaron a tener pensamientos como «ahora debería tener todas las respuestas», «mi periodo de aprendizaje ha terminado» o «tengo que ser una persona madura, con respuestas para todo». Así que sí, en cualquier momento puedes caer en esa trampa. De repente, muchas personas que logran puestos directivos sienten que tienen que comportarse como una especie de dioses omnipotentes, en vez de decir: «Oye, no lo sé. Hablemos sobre el tema, vamos a analizar este problema poco a poco».

Pero ¿cómo podemos asegurarnos de mantener o fomentar una mentalidad de crecimiento si reconocemos que no es precisamente nuestra zona de confort?

Nunca hay que perder de vista las características de una mentalidad de crecimiento. Con este tipo de mentalidad, los desafíos, en lugar de ser una amenaza, se perciben con entusiasmo. Así, en vez de pensar: «Mis carencias quedarán en evidencia», puedes decir: «Aquí se me presenta una oportunidad para aprender». Si adoptas una mentalidad de crecimiento te fijarás tanto en los procesos que pusiste en marcha para lograr tus éxitos como en los que pudieron haber contribuido a tus fracasos. De este modo puedes aprender de ellos y mejorar la próxima vez. Si notas que estás cayendo en una mentalidad fija, es decir, que empiezas a temer los desafíos o te preocupa más el resultado que el proceso, intenta reflexionar sobre cuánto potencial de crecimiento implica aprovechar una oportunidad, incluso si queda fuera de tu zona de confort. Además, puedes buscar a colaboradores con potencial para trabajar contigo en el proyecto, ¡así la ayuda será mutua en el desarrollo de una mentalidad de crecimiento!

Si reaccionas ante un contratiempo poniéndote a la defensiva, tratando de ocultarlo o justificándolo, es probable que tengas una mentalidad fija. Si es así, te enfocas solo en el resultado: «¿Tengo buen aspecto? ¿Estaré a la altura de mi reputación? ¿Pensarán que soy brillante?». Sin embargo, en vez de eso puedes preguntarte: «¿Qué puedo aprender de esta experiencia que me ayude a crecer?».

¿Puedes contarnos algo más de lo que ha revelado tu investigación acerca de dar más relevancia al proceso que al talento o las habilidades?

Hemos llevado a cabo numerosos estudios que demuestran que elogiar el talento de una persona puede llevarla a adoptar una mentalidad fija. Toda esa corriente que solo hizo hincapié en la autoestima nos enseñó, de forma errónea, que alabar la inteligencia, el talento y las habilidades fomentaría la autoconfianza. Sin embargo, hemos hallado que en muchos casos tiene justo el efecto contrario: quienes reciben elogios por su talento pueden comenzar a preocuparse por dejar de parecer que tienen talento si asumen tareas difíciles, porque pondrían en riesgo su reputada brillantez. Por eso, tal vez decidan quedarse en su zona de confort y adoptar una mentalidad defensiva ante los contratiempos.

Por lo tanto, ¿qué deberíamos elogiar? El esfuerzo, las estrategias, la perseverancia, la persistencia, la resiliencia y la capacidad de sobreponerse a los obstáculos. Esa habilidad para recuperarse cuando las cosas no salen bien y saber qué hacer a continuación. Creo que una parte crucial de fomentar una mentalidad de crecimiento en el trabajo es resaltar los valores del proceso: proporcionar feedback, premiar a las personas por su implicación en el desarrollo de una tarea o un proyecto, y no solo por los buenos resultados. Y es que, al final, un buen proceso conduce a resultados exitosos.

Quería preguntarte sobre el otro lado de la cuestión: el feedback negativo. Supongamos que has trabajado en un proyecto que no ha obtenido los resultados esperados. En esos casos, es común decir: «¡Pero nos esforzamos mucho!». Sin embargo, eso no cambia el hecho de que el producto final aún no es lo bastante bueno. ¿Cuál sería la mejor manera de manejar este tipo de interacción?

Esta clase de conversación es clave. La persona que da feedback debe enfocarse en el proceso y el progreso (o la falta de él), no solo en el esfuerzo. Todo el mundo se esfuerza mucho o, al menos, eso cree. Es fundamental señalar su parte en el proceso; por ejemplo, cómo trabajaron en equipo, qué estrategias probaron, cómo supieron si esas estrategias estaban funcionando, si fueron lo bastante flexibles para cambiar una vez que empezaron a recibir feedback negativo, etc. Hay que hablar de cómo siguieron adelante, cómo se adaptaron, por qué al final no lograron el resultado esperado y qué podrían hacer de forma diferente la próxima vez.

Un CEO con el que hablé al respecto me dijo que él recompensa el «valor añadido»: es decir, ser capaz de aportar conocimientos y habilidades a la empresa, incluso cuando el proyecto en sí no haya tenido éxito.

¿Qué quieres decir con eso de aportar conocimientos y habilidades a la empresa?

¿Qué puede aprender un equipo o una persona de cualquier esfuerzo, incluso cuando no tiene éxito? Muchos triunfadores, como Einstein o Thomas Edison, confesaron que aprendieron más de sus fracasos que de sus éxitos. De hecho, grandes avances llegaron después de fracasos significativos que brindaron valiosos aprendizajes. Es obvio que no estoy sugiriendo que se premie el fracaso, pero ¿es posible obtener algún aprendizaje de un proyecto fallido, de modo que al compartirlo permitirá a la empresa tener éxito la próxima vez?

Mientras la gente trabaja en un proyecto o proceso, está evaluando lo que funciona y lo que no, con vistas al futuro. Por tanto, cuanto más se pueda compartir ese aprendizaje dentro de la empresa, convirtiéndolo en una experiencia colectiva, más digno de recompensa será ese equipo.

CAROL DWECK es profesora en la Universidad de Stanford y autora de *Mindset: The New Psychology of Success*. SARAH GREEN CARMICHAEL es ex editora ejecutiva de la *Harvard Business Review*.

Adaptado de «The Right Mindset for Success»,
en *HBR IdeaCast* (podcast), 12 de enero de 2012.

8

La gente no puede evolucionar si piensas que no puede cambiar

Monique Valcour

¿Alguna vez pusiste todo tu empeño en perfeccionar una habilidad valiosa y obtuviste resultados evidentes, pero quienes te pidieron esa mejora no reconocieron tus logros? Puede que esto te llevara a cambiar de trabajo. O tal vez, como líder, te frustraste por el bajo rendimiento de tu equipo y llegaste a la conclusión de que el personal con menor rendimiento era, simplemente, torpe; por eso dejaste de apoyar a esas personas y preferiste quejarte en privado con otros colegas.

Estas experiencias tan comunes son signo de los problemas derivados de una mentalidad fija, aquella en la que nos resulta difícil creer que las personas puedan cambiar. En el primer escenario se considera que un miembro del equipo no tiene mucho potencial, y ese juicio no permite que el personal directivo aprecie el progreso de sus trabajadores. En el segundo caso, la creencia de la dirección en que esa o esas personas nunca cambiarán reduce la probabilidad de que se adopten comportamientos de liderazgo que fomenten su desarrollo. En ambas situaciones, esto disminuye las posibilidades de que el personal alcance su verdadero potencial.

Estos ejemplos ilustran el fenómeno de la profecía autocumplida, en el cual las creencias determinan una conducta que fomenta que estas mismas se cumplan.[1] Se trata de un fenómeno ampliamente documentado en entornos educativos: si los docentes ven que un estudiante tiene potencial es más probable que le presten atención y, por ende, que este tenga más posibilidades de obtener éxitos académicos. En cambio, un estudiante cuyos maestros consideran que no tiene potencial recibe menos atención y, en consecuencia, es más probable que presente un rendimiento más pobre.

Pero las profecías autocumplidas también pueden sembrar el caos en entornos laborales. La actitud de los líderes sobre sus equipos influye en su forma de tratarlos, y eso afecta, a su vez, a sus actos y su rendimiento. Los investigadores que han estudiado al personal directivo con una mentalidad fija (es decir, el que cree que las habilidades de los miembros de su equipo son innatas y no pueden cambiar) descubrieron que tales líderes suelen esforzarse menos por ayudar a su equipo a aprender y desarrollarse.[2] A fin de cuentas, ¿por qué malgastar nuestro tiempo en una causa perdida? Por otro lado, estas investigaciones también revelaron que los miembros de la cúpula directiva que creían en la capacidad de aprendizaje de sus subordinados adoptaban un enfoque más didáctico, como darles feedback constructivo, ofrecerles apoyo al enfrentarse a nuevos retos y mostrar más confianza en su capacidad para aprender y crecer.

Creer que el personal de una empresa puede cambiar no solo hace que la directiva esté más dispuesta y capacitada para adoptar herramientas de coaching;

las evidencias también sugieren que esto los convierte en jueces más acertados para evaluar avances o retrocesos en el rendimiento.[3] Los líderes con una mentalidad fija tienen menos propensión a percibir los cambios, sobre todo en las personas sobre las que ya han emitido algún juicio (positivo o negativo); y este comportamiento puede alienar y desmotivar a los trabajadores de alto rendimiento, ya que quienes más se esfuerzan por aprender suelen renunciar o bajar los brazos si cuentan con pocas oportunidades de desarrollo o si nadie valora su crecimiento. En cambio, estas investigaciones revelan que cuando los líderes muestran confianza en las capacidades de aprendizaje ajenas, sus trabajadores tienen más motivación para rendir mejor, sienten más satisfacción con su trabajo y, por ello, es menos probable que dimitan.[4]

Para que no creas que mi intención es solo criticar al personal directivo mientras eximo de responsabilidad a sus equipos, déjame apuntar que el problema de la mentalidad fija se da en ambas direcciones: igual que los líderes, los trabajadores rasos también tienen creencias sobre la capacidad de los demás para cambiar, y actúan en función de ellas. Por ejemplo, en un estudio con estudiantes universitarios, quienes tenían mentalidad fija mostraban una menor tendencia a reconocer la mejora en el desempeño de sus profesores a lo largo de un semestre, en comparación con quienes tenían mentalidad de crecimiento.[5] La prevalencia de las mentalidades fijas ayuda a explicar por qué los líderes a veces se frustran cuando sus equipos no perciben o no responden con rapidez a los nuevos comportamientos que ellos han desarrollado durante su formación en liderazgo.

La buena noticia es que mediante el coaching y ciertas prácticas es posible cultivar una mentalidad de crecimiento. La investigación al respecto ha hallado que el personal directivo que asiste a programas de coaching orientados a creer en el potencial de crecimiento de su equipo presenta una mayor disposición a ofrecer asesoramiento a alguien con bajo rendimiento, y también sugerencias de mejora de mayor calidad.[6]

Si deseas fomentar una mentalidad de crecimiento, prueba con algunos de estos ejercicios, que uso para mi propio programa de desarrollo del liderazgo en el trabajo:

- Recuerda al menos una ocasión en la que te esforzaste por aprender algo que al principio te resultaba muy difícil, e identifica las estrategias que te ayudaron. (Esto te permitirá valorar tu propia capacidad de crecimiento).
- Piensa en alguna vez que observaste a alguien aprender a hacer algo que pensabas que no sería capaz de lograr. Si es posible, analiza su proceso de aprendizaje o pídele que te lo explique. (Esto te ayudará a reconocer la capacidad de crecimiento ajena).
- Cuando te enfrentes a un reto de aprendizaje, reflexiona sobre las diferentes estrategias que puedas poner en practica para superarlo, aplícalas y anota las que mejor funcionan. (Esto te

ayudará a enfocarte en el proceso de aprendizaje y a desarrollar estrategias más flexibles).

Con el fin de potenciar una mentalidad de crecimiento en tu equipo, pídeles que hagan estos mismos ejercicios de reflexión y experimentación. Además, puedes ser su modelo compartiendo tus propios retos de aprendizaje y estrategias de manera regular. Integra en las reuniones de planificación y revisión los debates sobre cómo aprende tu equipo (y cómo podría hacerlo de manera más eficaz). Esta práctica resulta crucial, porque el enfoque en el proceso de aprendizaje (y no solo en los resultados) es fundamental para la mentalidad de crecimiento. Al identificar como has superado un reto, y cómo lo han hecho los demás, al fijar metas de desarrollo y compartir estrategias de aprendizaje serás capaz de potenciar tu propio aprendizaje y el de tu equipo.

Por último, nunca pierdas de vista tu mentalidad. La próxima vez que te sorprendas diciendo: «En el mundo hay dos tipos de personas...», reconoce que es un pensamiento típico de una mentalidad fija. Luego entrena tu cerebro para moverte hacia una de crecimiento y termina la frase de esta manera: «... las que creen que todo el mundo puede aprender y las que aún no lo han descubierto».

MONIQUE VALCOUR es coach ejecutiva, conferenciante y profesora de gestión. Ella ayuda a sus clientes a crear y mantener trabajos, carreras, entornos laborales y vidas satisfactorias y de alto rendimiento.

Notas

1. Emily Workman, «Teacher Expectations of Students: A Self-Fulfilling Prophecy?», *The Progress of Education Reform* 13, n.º 6 (2012), https://www.ecs.org/clearinghouse/01/05/51/10551.pdf
2. P. A. Heslin, D. VandeWalle y G. P. Latham, «Keen to Help? Managers' Implicit Person Theories and Their Subsequent Employee Coaching», *Personnel Psychology* 59, n.º 4 (2006): 871–902, https://doi.org/10.1111/j.1744-6570.2006.00057.x
3. P. A. Heslin, G. P. Latham y D. VandeWalle, «The Effect of Implicit Person Theory on Performance Appraisals», *Journal of Applied Psychology* 90, n.º 5 (2005): 842–856, https://doi.org/10.1037/0021-9010.90.5.842

4. C. Kam, S. D. Risavy, E. Perunovic y L. Plant, «Do Subordinates Formulate an Impression of Their Manager's Implicit Person Theory?», *Applied Psychology* 63, n.º 2 (2014): 267–299, https://doi.org/10.1111/j.1464-0597.2012.00521.x
5. K. P. Tam, S. T. Pak, C. H. Hui, S.-O. Kwan y M. K. H. Goh, «Implicit Person Theories and Change in Teacher Evaluation: A Longitudinal Field Study», *Journal of Applied Social Psychology* 40, n.º 2 (2010): 273–286, https://doi.org/10.1111/j.1559-1816.2009.00573.x
6. Heslin, VandeWalle y Latham, «Keen to Help?».

Adaptado del contenido publicado en hbr.org, 21 de abril de 2016 (producto #H02TUR).

9

Recibe el feedback que necesitas para crecer

Kim Scott, Liz Fosslien y Mollie West Duffy

Saber cuándo y cómo pedir feedback es una habilidad que se adquiere, igual que practicar tus reacciones ante una crítica constructiva. Para ser capaz de adaptarte a los cambios y asegurar que tu equipo siga sintiéndose apoyado y motivado, has de saber qué estás haciendo bien y qué necesitas mejorar. Por tanto, solicitar un feedback claro y constructivo te permitirá tomar mejores decisiones y ajustar el rumbo cuando sea necesario.

Pedir feedback también fomenta un ambiente de confianza y transparencia. En una época de incertidumbre como la actual, los equipos de trabajo se ven obligados a obtener más rendimiento con menos recursos. Y cuando la plantilla de una empresa siente que su opinión es relevante es más probable que mantenga su lealtad, compromiso y nivel de productividad. Además, habrá mucha más disposición por su parte a compartir preocupaciones y sugerencias que

FIGURA 1

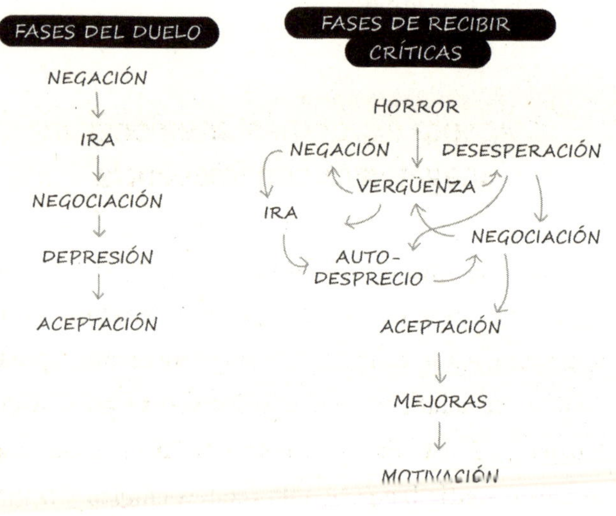

pueden ser importantes. Basándonos en nuestros libros e investigaciones hemos recopilado una serie de pasos clave que debes seguir para solicitar feedback. Lo primero es pedir críticas, en especial si eres el jefe.[1] Esto, en el mejor de los casos, resulta incómodo y puede ser incluso un reto emocional, así que aquí tienes cinco consejos sobre cómo solicitar con éxito *radical candor* (que se podría traducir como «críticas honestas») a tu equipo.[2]

1. Acepta experimentar emociones «negativas» con frecuencia

Escuchar lo que necesitas mejorar rara vez resulta agradable. Pregúntate lo siguiente: ¿cuántas veces a la semana tus colegas de trabajo dicen algo que te genera ansiedad, molestias o incluso te pone a defensiva? ¿Y con qué frecuencia te dicen cosas que te hacen sentir bien? Si solo recibes elogios y nunca críticas difíciles de asumir, ¡cuidado!: no te están contando la historia completa. Debes esforzarte para que te critiquen.

Recuerda que, al solicitar *radical candor*, las buenas noticias no son importantes, la falta de noticias son malas noticias y las malas noticias son buenas noticias. Como señaló uno de los antiguos jefes de

FIGURA 2

Liz: «Quien de verdad se preocupa por ti te dirá que tienes algo entre los dientes. Los demás se callarán, porque no quieren experimentar ningún tipo de incomodidad». Y es que, aunque la crítica sea difícil de escuchar en el momento, también es necesaria para mejorar, y con el tiempo dejará de doler tanto.

2. Elige una pregunta clave

Hacer preguntas directas sobre el estado de cualquier asunto quizá resulte incómodo. Además, cuando acecha la incertidumbre mucha gente no se arriesga a expresar lo que piensa. Por eso te recomendamos formular una pregunta que fomente la seguridad psicológica; debería incluir tres elementos esenciales:

- No puede ser una pregunta de sí o no, o que permita a tu interlocutor salirse por la tangente con un «todo va bien» (que es lo que sueles obtener cuando solicitas feedback). A Liz y Mollie les encanta esta fórmula: «¿Hay algo que pueda hacer por ti?». Al mencionar «algo» aumentas de forma significativa las posibilidades de obtener una respuesta específica y factible.

- Tu pregunta debe ajustarse a tu forma de hablar, es decir, no puede parecer impostada. La que suele usar Kim es: «¿Qué podría hacer (o dejar de hacer) para que sea más fácil trabajar conmigo?». Si una pregunta así no encaja con tu estilo, busca tu propia forma de expresarla.
- Tu pregunta debe adaptarse a la persona con la que estás hablando. Por ejemplo, Jason Rosoff, cofundador de la compañía Radical Candor, le dijo a Kim que en su caso esta pregunta no sería eficaz; necesitaría que fuera más específica.

Plantéate incluir esa pregunta en el orden del día de las reuniones con cada miembro de tu equipo. Si saben qué les preguntarás tendrán más tiempo para preparar una respuesta que sea útil.

3. Acepta el malestar de la otra persona

Por muy bien formulada que esté tu pregunta, es probable que tu interlocutor experimente cierta incomodidad y que, a su vez, esto te genere incomodidad a ti. Por eso, llegados a ese punto quizá prefieras mirar hacia otro lado. Pero recuerda que si lo haces nunca recibirás el feedback que necesitas para mejorar.

La única manera de superar esta incomodidad es aceptarla. Formula tu pregunta y luego guarda silencio. Cuenta hasta seis, despacio, en tu mente. Muy pocas personas pueden soportar seis segundos de silencio, siempre acaban diciendo algo.

4. Escucha para entender, no para responder

Cuando te dan feedback, tu actitud es determinante. Escucha siempre con el propósito de comprender lo que la otra persona quiere comunicarte, no solo para preparar una respuesta. La diferencia estriba en responder: «Entiendo lo que dices, gracias» (actitud positiva), en lugar de replicar: «Entiendo lo que dices, pero...» (actitud menos positiva).

El feedback nos brinda la oportunidad de analizar nuestra conducta desde diferentes perspectivas.

FIGURA 3

TIPOS DE FEEDBACK

LIZ FOSSLIEN

Si nos concentramos en defendernos perdemos la oportunidad de aprender y mejorar. A continuación, te doy un consejo útil para escuchar con el propósito de entender: busca la crítica. La gente suele ser reticente a expresarla. En este sentido, a veces recibirás un feedback tipo «oreo», con dos comentarios positivos «rodeando» uno negativo; en casos así, asegúrate de no pasar por alto la crítica. Otras veces, el feedback será más parecido a una «galleta con pasas». ¡No te olvides de paladear las pasas!

5. Cierra el círculo: pasa a la acción para demostrar que has escuchado

La mejor manera de garantizar que seguirás recibiendo feedback es hacer seguimiento y compartir las decisiones que has tomado en función de esas críticas.

Cuando recibes comentarios críticos es útil concretar de inmediato qué harás con las sugerencias o preocupaciones que han salido a colación. Puedes decir algo como «esto es lo que haré a partir de ahora». Y recuerda que no es necesario comprometerte a cambios drásticos (porque quizá no puedas cumplir esas promesas). Podrías decir, más bien, algo así: «Mi siguiente paso será hablar con el equipo directivo para ver qué puedo hacer».

Fijémonos en el caso de Reed Hastings, CEO de Netflix, que recibe un feedback anual global y por escrito; cualquier miembro de la plantilla puede participar. Hastings cerró su evaluación de 2019 con un memorando dirigido a todo el personal de Netflix. Aquí te dejamos un extracto, que figura en su libro *No Rules Rules*:

> *Considero que los comentarios más útiles para mi evolución son, por desgracia, los más dolorosos. Por tanto, fiel al espíritu de la evaluación 360 [global], gracias por comunicarme con valentía y franqueza: «En las reuniones, a veces te saltaste temas o pasaste de puntillas por ellos cuando estabas impaciente, o dijiste que no merecía la*

pena dedicar más tiempo a un asunto concreto del orden del día [...]. Asimismo, deberías evitar que tu punto de vista se impusiera a todo lo demás; es probable que desvirtúe el debate apuntando a una sintonía que en realidad no existe». Es muy cierto, triste y frustrante que continúe haciendo esto. Seguiré trabajando en ello.

Una vez que hayas pasado a la acción, asegúrate de compartir los cambios que has aplicado. Pregunta si has efectuado demasiados cambios o muy pocos. Un consejo útil en este sentido es que, si el problema es algo a lo que te llevas enfrentando un tiempo, suele ser buena idea intentar sobrecorregir. En cambio, si te critican que actúas demasiado rápido, pisa el freno hasta que alguien te diga que estás yendo demasiado lento.

En caso de que no puedas hacer ningún cambio, explica el motivo. En cierta ocasión en que un trabajador se quejó a Kim de que interrumpía a los demás en las reuniones, ella llevó una banda elástica a su siguiente reunión de equipo, compartió ese feedback con todo el mundo y les pidió ayuda para ser capaz de suprimir ese mal hábito, tan arraigado en su conducta que no podía corregirlo de la noche a la mañana. Su forma de hacerlo fue la siguiente: les pidió que, si interrumpía a los demás, le dieran un golpe con la banda elástica en la muñeca. (Sabía muy bien que su equipo lo haría, y con una sonrisa, aunque tal vez tú prefieras otro método). El método de la banda elástica la ayudó a interrumpir menos, pero lo principal es que hizo evidente su actitud de escucha y demostró que, aunque no podía cambiar de inmediato, estaba trabajando en ello.

Uno de los mayores errores que cometemos es quedarnos en silencio cuando, tras un comentario ajeno, nos damos cuenta de que no podremos actuar en consecuencia. Cuando trabajadores y colegas no reciben respuesta después de dar su opinión suelen suponer que sus sugerencias han caído en saco roto. Por eso en vez de guardar silencio es mucho más eficaz responder algo así: «Por desgracia, debido a las prioridades del equipo directivo para este trimestre no podremos abordar esto, pero lo tendré en cuenta de cara al futuro».

Por supuesto, es sencillo evitar el feedback negativo, pero una cultura empresarial basada en la empatía superficial o la falsa armonía no conduce al éxito. Por el contrario, potenciar la crítica constructiva fomenta el aprendizaje, el crecimiento y el cambio, creando así una ambiente de confianza y estabilidad para el equipo, lo que a su vez contribuye al éxito de la organización.

KIM SCOTT es autora de *Radical Candor* y *Just Work*, bestsellers del *New York Times* y el *Wall Street Journal*, y cofundadora de la empresa Radical Candor. Kim fue coach para los CEO de Dropbox, Qualtrics, Twitter y otras compañías tecnológicas; también, miembro del cuerpo docente de Apple University, y antes de eso lideró equipos en AdSense, YouTube y DoubleClick en Google. Además, gestionó una clínica pediátrica en Kosovo y montó una fábrica de corte de diamantes en Moscú. Vive con su familia en Silicon Valley. LIZ FOSSLIEN es coautora e ilustradora de *No Hard Feelings: The Secret Power of Embracing Emotion at Work* y de *Big Feelings: How to Be Okay When Things Are Not Okay*, bestsellers del *New York Times*. Forma parte de la directiva de Team Anywhere, en Atlassian, donde ayuda a los equipos a mejorar su colaboración. Liz organiza con regularidad talleres para líderes; entre sus clientes se encuentran Google, Paramount y la Fuerza Aérea de los EE. UU. Sus artículos y trabajos han sido destacados por TED, *The Economist*, *Good Morning America*, *The New York Times* y NPR. MOLLIE WEST DUFFY es coautora de *No Hard Feelings: The Secret Power of Embracing Emotion at Work* y de *Big Feelings: How to Be Okay When Things Are Not Okay*, bestsellers del *Wall Street Journal*. Es directora de Aprendizaje y Desarrollo en Lattice, y fue jefa de Diseño Organizacional en la firma global de innovación IDEO. Ha trabajado con empresas de todos los tamaños en desarrollo organizacional, liderazgo y cultura corporativa.

Notas

1. Brandi Neal, «How to Get Feedback», en *Radical Candor* (podcast), https://www.radicalcandor.com/podcast/s3-mini-episode-5-how-to-get-feedback/
2. Kim Scott, Brandi Neal y Amy Sandler, «Is Your Feedback Falling Flat? Radical Candor Will Fix Your Feedback Fails» *Medium* (31 de enero de 2021), https://candor.medium.com/is-your-feedback-falling-flat-radical-candor-will-fix-your-feedback-fails-70b0e33f1197

Adaptado de «How Leaders Can Get the Feedback They Need to Grow», en hbr.org, 10 de marzo de 2023 (producto #H07IRN).

10

Aprovecha al máximo el feedback positivo

Dan Cable

En ocasiones, traumas personales como los derivados de recuperarte de una enfermedad grave, perder a una amistad cercana, que te despidan o vivir una pandemia pueden hacer que te replantees ciertas cosas y decidas cambiar de rumbo. No obstante, los acontecimientos positivos (como conseguir un nuevo trabajo, tener un bebé, trasladarte a otro país o enamorarte) también pueden dar lugar a un crecimiento postraumático. Según las investigaciones al respecto, las consecuencias de estos eventos positivos, pero a la vez disruptivos, pueden revitalizarnos, aumentar nuestra autoestima, fortalecer las relaciones y dar un mayor sentido a la vida.[1]

A lo largo de los años, gracias a mis investigaciones académicas y mi experiencia en consultoría, he desarrollado un proceso para fomentar el crecimiento personal a través de los «traumas positivos», y lo he denominado Método Positivo. Basado en una técnica bien conocida, *Reflected Best-Self Exercise* (que se puede traducir como «Mi Mejor Yo Posible»), este proceso se asemeja a escuchar a tus amistades, colegas de trabajo y familiares hablar sobre ti en tu funeral.[2] No, no implica fingir tu propia muerte. Sin embargo, el proceso quizá te haga sentir cierta vulnerabilidad, incomodidad e incluso desubicación. La tarea consiste en contactar con las personas clave tu vida, compartir con ellas momentos que te hayan afectado y pedirles que te devuelvan recuerdos de ti siendo tu mejor versión. El resultado es una especie de resumen vital: una recopilación de recuerdos que reflejan lo mejor de ti.

Si no te parece buena idea, no te preocupes, le pasa a más gente. En mis entrevistas con quienes siguieron el Método Positivo, más de la mitad mencionó de forma espontánea la resistencia cultural a centrarse en las cualidades y puntos fuertes de las personas. Pero ¿por qué ocurre esto? Con el tiempo, he descubierto que tal reacción se debe al temor de que, al centrarnos en las habilidades ajenas, terminemos fomentando la arrogancia. Sin embargo, puedo asegurarte que este miedo es infundado cuando se trata del Método Positivo. De hecho, ocurre lo contrario: la gente se siente inspirada y motivada para potenciar aún más sus puntos fuertes y ayudar a los demás tras recibir comentarios sobre sus mejores momentos.

Resulta irónico que lo que haga tan eficaz al Método Positivo sea justo lo incómodo que resulta. Lo que ocurre es que, al poner en duda nuestras suposiciones más arraigadas, tiene el poder de cambiar nuestro enfoque de automático a manual. A menudo no somos conscientes de cómo los propios prejuicios negativos y el diálogo interno se vuelven predeterminados. Esto puede hacer que la vida parezca una lucha constante: caemos en una espiral descendente que nos atrapa en rutinas que nos impiden alcanzar nuestro verdadero potencial. En cambio, al elaborar un resumen personal de logros somos capaces de detenernos e iniciar un ciclo más positivo, propiciando así un cambio real. Una vez que veas cómo te perciben los demás en tu mejor versión te será mucho más fácil potenciar y desarrollar las cualidades que te hacen sobresalir.

El proceso completo, que detallo en mi libro *Exceptional*, también se puede adaptar a tus necesidades. Así, puedes tomártelo como un proyecto personal, una actividad para tu equipo o, si eres líder, optar por enviar notas de agradecimiento a tus colaboradores. Así es como funciona:

Da antes de recibir. Antes de solicitar feedback, envía mensajes de aprecio y gratitud a las personas de tu vida: padres, colegas, jefes, hijos, amistades, familiares, etc. Esto pondrá en marcha un círculo virtuoso de gratitud. Dedica quince minutos a reflexionar sobre los puntos fuertes de cada persona. Imagina que debes hablar en su funeral y apunta por qué es tan especial esa persona para ti; busca en tu memoria los momentos en los que su personalidad marcó la diferencia.

A medida que redactas esas notas, recuerda que el cerebro humano está programado para procesar historias, no hechos o generalizaciones. Por eso, en vez de ofrecer simples elogios del tipo «eres muy inteligente» o «tienes buena mano con los niños», redacta un relato sobre una situación específica que te causó una gran impresión. Añadir un toque personal será de gran ayuda para que el resto también recupere esos recuerdos.

> *Cuando comencé en este trabajo, recién salido de la universidad y con escasa experiencia, aprecié de corazón todo lo que hiciste por mí. Fuiste mi guía constante, confiándome proyectos desafiantes, aplacando mis nervios antes de aquella presentación con Melinda, respondiendo con infinita paciencia a mis incesantes preguntas sobre Excel y compartiendo conmigo el maravilloso secreto de las patatas fritas caseras de Jules's Café.*

A partir de ese punto, profundiza en el modo en que esa persona te influyó y sus virtudes (en este caso, su amabilidad y capacidad para la mentoría) dejaron huella en ti.

Una vez que tus mensajes estén listos para ser enviados, añade algo como esto:

> *Hace poco leí un artículo que me llevó a reflexionar sobre cómo fortalecer y enriquecer mis relaciones. Tal vez no lo sepas, pero eres muy importante en mi vida. Me gustaría compartir contigo algunos recuerdos en los que tuve el privilegio de verte brillar en tu mejor versión. Luego, si te apetece, me encantaría recibir algún recuerdo sobre mí en el mismo sentido, en una situación en la que crees que actué de forma excepcional.*
>
> *Recuerdo una vez, cuando... [añade aquí tu historia]*

No mandes todos los mensajes al mismo tiempo; experimentarás emociones más positivas si prolongas el proceso unas dos semanas. Además, una vez que hayas empezado es probable que te apetezca escribir más de una historia para ciertas personas.

Muy importante, nunca menosprecies los efectos de mostrar gratitud. La evidencia científica sugiere que la mayoría de la gente estará encantada de leer tus recuerdos y querrá devolverte la experiencia.[3] Así es como la gratitud genera espirales ascendentes, y uno de los motivos por los cuales, tras hacer este ejercicio, estrecharás lazos con tu gente.

Acepta tus emociones y luego ponte a trabajar. A medida que los demás te escriban sus recuerdos, guárdalos y léelos de una sentada para multiplicar su efecto. Revivir esos momentos, sobre todo si abarcan décadas, puede ser una experiencia muy emotiva.

En muchas de mis entrevistas con quienes habían elaborado sus propios resúmenes de momentos destacados surgieron emociones realmente positivas. Fue el caso, por ejemplo, de Louise, de cuarenta y ocho años, socia de una firma global de consultoría en Chicago. Llegar a ese nivel de liderazgo no es tarea fácil, sobre todo para una mujer en un entorno corporativo con predominio masculino. Louise, conocida por su pragmatismo y escasa inclinación a lo sentimental, me confesó esto al leer su resumen de momentos destacados:

> *Creo que estaba más emocionada que feliz. Feliz no es la palabra correcta. Conmovida; sí, muy conmovida. Emocionada. Creo que, desde un punto de vista racional, ya sabía todo lo que me escribieron. Pero el hecho de que digan con sus propias palabras lo que han visto en ti es muy conmovedor.*

A lo largo de las entrevistas, lo que recibí una y otra vez, con independencia de la edad de cada individuo o de las diferencias culturales, fue una sensación de impacto positivo. Esas personas solían emplear términos como «intensidad», «sorpresa», «asombro», «estupefacción» o «fascinación».

Aun así, no te detengas en el impulso positivo que genera leer tu resumen de momentos destacados. La evidencia empírica sugiere que, si de verdad deseas crecer a partir de esta experiencia, necesitarás crear nuevos hábitos basados en tus puntos fuertes.

Además de emplear el *job crafting* (que se podría traducir como «rediseño del puesto») y añadir nuevas actividades que potencien tus cualidades, puedes resaltar lo que te hace excepcional mediante un cambio de actitud más amplio, aplicable al resto de tu vida. En este sentido, tómate un momento a lo largo del día para reflexionar y pregúntate: «¿En qué versión de mí estoy ahora?». Esta es una pregunta muy poderosa, porque nos recuerda que tenemos el poder de elegir qué versión de nosotros mismos mostramos al entrar en una habitación o al conectarnos a una videollamada.

Hoy, más que nunca, necesitamos una mayor conexión social y más alegría en nuestras vidas. Mucha gente se siente desconectada, aislada o infravalorada. Así que, ¿qué pierdes por intentarlo? Se trata de un método basado en la evidencia científica y de bajo riesgo para establecer vínculos más estrechos con otras personas y recordarte que posees habilidades y cualidades excepcionales que definen quién eres; usarlas te otorga el poder de mejorar no solo tu vida, sino también la de quienes te rodean.

DAN CABLE es profesor de Comportamiento Organizacional en la London Business School. Su libro más reciente, *Exceptional,* te ayudará a elaborar un resumen de tus momentos destacados para desbloquear tu potencial, y *Alive at Work* te ayudará a entender por qué la gente ama lo que hace, desde la evidencia aportada por la neurociencia.

Notas

1. J. Mangelsdorf, M. Eid y M. Luhmann, «Does Growth Require Suffering? A Systematic Review and Meta-Analysis on Genuine Posttraumatic and Postecstatic Growth», *Psychology Bulletin* 145, n.º 3 (2019): 302–338, doi: 10.1037/bul0000173
2. Laura Morgan Roberts, Emily D. Heaphy y Brianna Barker Caza, «To Become Your Best Self, Study Your Successes», hbr.org (14 de mayo de 2019), https://hbr.org/2019/05/to-become-your-best-self-study-your-successes
3. A. Kumar y N. Epley, «Undervaluing Gratitude: Expressers Misunderstand the Consequences of Showing Appreciation», *Psychological Science* 29, n.º 9 (2018): 1423–1435, https://doi.org/10.1177/0956797618772506

Adaptado de «You Need a Personal Highlight Reel»,
en hbr.org, 14 de octubre de 2020 (producto #H05X1Y).

11

Asume las responsabilidades de tu futuro yo

Benjamin Hardy

En su charla TED «La psicología de tu yo futuro» (en inglés, *The Psychology of Your Future Self*), el doctor en Psicología por la Universidad de Harvard Daniel Gilbert explora un sesgo que todo el mundo presenta, en mayor o menor medida: solemos pensar que la persona que somos en la actualidad siempre será la misma.[1]

Cuando preguntas a alguien si es la misma persona que hace diez años, la mayoría dirá que no; sin embargo, tenemos muchos más problemas para reconocer nuestro potencial futuro. Gilbert y otros investigadores se refieren a este sesgo como «la ilusión de fin de la historia».[2] A pesar de ser conscientes de que el yo pasado es claramente distinto del yo presente, tendemos a pensar que quienes somos ahora es nuestro yo «real» (es decir, una versión «acabada» de nosotros mismos) y que, por tanto, el yo futuro será casi idéntico al actual. Gilbert lo explica sin tapujos: «Los seres humanos son proyectos en construcción que, de forma errónea, se creen terminados».

Tu personalidad, tus habilidades, tus gustos o aversiones cambian con el tiempo, seas o no consciente de ese cambio. Un estudio llevado a cabo por un equipo de la Universidad de Edimburgo y que abarcó un periodo de más de sesenta años reveló que la personalidad de casi todos los participantes había *cambiado de manera radical* en comparación con la de seis décadas antes.[3]

La conclusión es que los cambios son inevitables, pero no están fuera de tu control. A continuación, te ofrecemos tres estrategias para ayudarte a ser el yo futuro que deseas.

Primer paso: distingue tu yo pasado, actual y futuro

En general, la gente presta demasiada atención a su yo actual. Solemos aferrarnos a nuestra identidad presente y hablar en términos increíblemente definitivos sobre quiénes somos: «Soy introvertida», «Soy sociable», etc. Estas etiquetas dejan poco margen de mejora o crecimiento, y a la vez crean lo que la psicóloga de Harvard Ellen Langer llama «*mindlessness*»[4] (que se podría traducir como «sinsentido»).

Te en cuenta que una vez que te pones una etiqueta pierdes de vista cualquier alternativa. Como explica Langer, «si algo se presenta como una verdad aceptada, otras formas de pensar ni siquiera se toman en consideración [...] [por ejemplo] cuando la gente está deprimida suele creer que lo está todo el tiempo. Sin embargo, la atención plena a la variabilidad (en inglés, *mindful attention to variability*) demuestra que no es así.

La verdad es que no eres la misma persona que antes; no actúas del mismo modo, ya no quieres las cosas que tanto deseabas. Por eso, en lugar de etiquetarte y centrarte en quién eres ahora, reconoce lo mucho que ha crecido y cambiado tu antiguo yo.

Como explica el coach empresarial Dan Sullivan, deberías «medir la ganancia, no la brecha».[5] Puedes desarrollar la habilidad de reconocer tu crecimiento a corto plazo evaluando tu progreso semanal, mensual o trimestral. Pregúntate cosas como «¿qué logros he obtenido en los últimos noventa días?». De esta manera, al aprender a distinguir entre tu yo actual y tu yo pasado también podrás empezar a visualizar a tu yo futuro como una persona distinta.

Segundo paso: imagina a tu yo futuro ideal

La imaginación importa más que el conocimiento. Porque el conocimiento se limita a todo lo que sabemos y entendemos, mientras que la imaginación abarca el mundo entero y todo lo que habrá que conocer y comprender.

Albert Einstein

Es mucho más sencillo anclarse en el presente que imaginar un futuro distinto. No obstante, si no dedicas tiempo a pensar en quién quieres llegar a ser acabarás convirtiéndote, de forma reactiva, en lo que las circunstancias determinen. Las investigaciones en este campo revelan que dar forma a tu yo futuro requiere de *práctica intencional*, es decir, trabajar de manera consciente en tu desarrollo con un objetivo definido.[6] El crecimiento no puede ser eficaz sin una dirección clara; necesitas una meta para guiar el proceso.

Por ejemplo, cuando decidí que quería dedicarme a escribir de manera profesional, la simple idea no fue suficiente; tuve que plasmarla en un resultado medible, en mi caso un contrato con una de las cinco grandes editoriales de Nueva York. Entonces diseñé un proceso inverso para alcanzar ese objetivo. De este modo, tener clara mi meta me permitió hacer preguntas útiles a las personas adecuadas.

Además, la investigación en este ámbito demuestra que la motivación y la esperanza surgen de la combinación entre una *meta* clara y deseada, la *creencia* de que puedes alcanzarla y la existencia de un *camino* bien definido.[7] El floreciente campo de la psicología positiva ha puesto en duda muchas suposiciones tradicionales y ha revelado que a los seres humanos no nos impulsa solo nuestro pasado; en realidad, salimos adelante gracias a la visión de futuro, un concepto que los psicólogos denominan «prospección».[8]

En esencia, tu comportamiento en el presente está muy influenciado por la visión que tengas de tu futuro. Si visualizas un futuro claro, emocionante y factible, tus acciones actuales se alinearán con esa perspectiva.

Entonces, ¿quién es tu yo futuro? Esta es una pregunta que solo tú puedes responder. Como señala el doctor Gilbert, el primer paso es imaginarlo: tu yo futuro no es alguien que descubres, sino alguien que *eliges ser.*

Una potente herramienta que te puede ayudar a iniciar este proceso es llevar un diario. Pregúntate: *¿Qué acción (o dos o tres) podría poner en marcha hoy para acercarme a mi yo futuro?* Es probable que estas acciones te obliguen a salir de tu zona de confort, definida por tu personalidad actual. Sin embargo, si te enfrentas a ello y superas esa incomodidad inicial serás capaz de desarrollar una mayor flexibilidad psicológica y, con el tiempo, te convertirás en la persona que aspiras a ser.[9]

Tercer paso: cambia la narrativa de tu identidad

La identidad es *mucho más poderosa* que la personalidad, ya que impulsa los comportamientos, que con el tiempo se consolidan como parte de tu personalidad. Y esta, que es la suma de tus actitudes y comportamientos recurrentes, no es más que un reflejo de tu identidad.

La narrativa de tu identidad es la historia que te cuentas: sobre tu pasado, tu presente y tu futuro.[10] Si tu identidad solo se ancla en tu pasado y presente, esa mentalidad fija puede hacer que tu personalidad parezca inmutable. Sin embargo, al enfocarte en visualizar tu yo futuro en vez de aferrarte al actual abres una ventana a reescribir la narrativa de tu identidad.

Esto no es algo que debas limitarte a pensar para tus adentros. *¡Compártelo con la gente que tienes alrededor!* No se trata de «fingir hasta lograrlo», sino de reconocer, de manera honesta y humilde, que tu yo futuro es en realidad alguien distinto de quien eres hoy. Aún no eres tu yo futuro, pero hacia allí te diriges.

Por supuesto, esto requiere ciertas dosis de valentía. Porque es mucho más fácil decir: «Yo soy así». En cambio, expresar en público: «Así quiero ser» es arriesgado, ya que no hay garantía de éxito. Pero también es la única forma de ser intencional respecto a la persona en la que deseas convertirte.

Compartir con los demás quién quieres ser tiene, en sí, un poder inmenso, porque te impulsará a hacer que tu comportamiento sea coherente con la nueva historia que te estás contando. En este sentido, si la narrativa de tu identidad se basa en el pasado, entonces este definirá tu comportamiento. Pero si decides, de manera deliberada, quién será tu yo futuro, y tienes además el valor de compartir esa visión con los demás, se volverá factible transformar de manera activa a tu futuro yo en la persona que deseas ser.

La doctora Carol Dweck ha subrayado la importancia de no definirse por el presente, sino por quién deseas llegar a ser.[11] Todo el mundo se halla en un estado continuo de *transformación*, así que date el permiso para que tu yo futuro ideal, y no el pasado, sea quien guíe tu comportamiento actual.

Tu conducta refleja el tipo de persona que crees ser, consolidando tu identidad y, en definitiva, moldeando tu personalidad.[12] Dicho de otro modo, es el comportamiento el que crea la personalidad, y no al revés.

Entonces, ¿quién quieres ser? Plantéatelo y empieza a compartirlo con los demás.

Actúa desde ahora mismo como tu yo futuro, no como el pasado; acepta la incertidumbre y el cambio; abraza el aprendizaje y el fracaso. Nunca te limites a lo que eres en este momento y practica de manera intencional para que, con el tiempo, te desarrolles hacia esa historia en constante evolución que estás construyendo. Pasa a la acción y esfuérzate por forjar tu identidad futura.[13]

Así será como te conviertas en la versión de ti que más anhelas ser.

BENJAMIN HARDY es psicólogo organizacional y autor de *Willpower Doesn't Work* y de *Personality Isn't Permanent.* Más de cien millones de personas han leído sus blogs y es colaborador habitual en *Inc.* y *Psychology Today.* Entre 2015 y 2018 fue el autor número uno del mundo en Medium.com. Él y su esposa, Lauren, adoptaron a tres niños a través del sistema de acogida en febrero de 2018; un mes después, Lauren quedó embarazada de gemelos y estos nacieron en diciembre de 2018. Viven en Orlando.

Notas

1. Dan Gilbert, «The Psychology of Your Future Self», TED2014 (marzo de 2014), https://www.ted.com/talks/dan_gilbert_the_psychology_of_your_future_self?language=en
2. Holly Harris y Michael A. Busseri, «Is There an "End of History Illusion" for Life Satisfaction? Evidence from a Three-Wave Longitudinal Study», *Journal of Research in Personality* 83 (2019): https://doi.org/10.1016/j.jrp.2019.103869
3. M. A. Harris, C. E. Brett, W. Johnson e I. J. Deary, «Personality Stability from Age 14 to Age 77 Years», *Psychology and Aging* 31, n.º 8 (2016): 862–874, https://doi.org/10.1037/pag0000133
4. Paul Graham, «Keep Your Identity Small» (febrero de 2009), https://www.paulgraham.com/identity.html; Ellen J. Langer, *Mindfulness* (Boston: Da Capo Lifelong Books, 2014).
5. Dan Sullivan, *The Gap and the Gain* (Carlsbad, CA: Hay House, 2021).
6. Thomas Suddendorf, Melissa Brinums y Kana Imuta, «Shaping One's Future Self—The Development of Deliberate Practice», en Kourken Michaelian, Stanley B. Klein y Karl K. Szpunar (eds.), *Seeing the Future: Theoretical Perspectives on Future-Oriented Mental Time Travel* (Oxford: Oxford University Press, 2015).

7. V. Barba-Sánchez y C. Atienza-Sahuquillo, «Entrepreneurial Motivation and Self-Employment: Evidence from Expectancy Theory», *International Entrepreneurship Management Journal* 13 (2017): 1097–1115, https://doi.org/10.1007/s11365-017-0441-z; Smadar Cohen-Chen and Martijn Van Zomeren, «Yes We Can? Group Efficacy Beliefs Predict Collective Action, But Only When Hope Is High», *Journal of Experimental Social Psychology* 77 (2018): 50–59, 10.1016/j.jesp.2018.03.016
8. Martin E. P. Seligman, Peter Railton, Roy F. Baumeister y Chandra Sripada, *Homo Prospectus*, 1.ª ed. (Oxford: Oxford University Press, 2016); R. F. Baumeister, K. D. Vohs y G. Oettingen, «Pragmatic Prospection: How and Why People Think about the Future», *Review of General Psychology* 20, n.º 1 (2016): 3–16, https://doi.org/10.1037/gpr0000060
9. J. Ciarrochi, L. Bilich y C. Godsel, «Psychological Flexibility as a Mechanism of Change in Acceptance and Commitment Therapy», en Ruth Baer (ed.), *Assessing Mindfulness and Acceptance Processes in Clients: Illuminating the Processes of Change* (Oakland, CA: New Harbinger Publications, 2010).
10. D. P. McAdams y K. C. McLean, «Narrative Identity», *Current Directions in Psychological Science* 22, n.º 3 (2013): 233–238, https://doi.org/10.1177/0963721413475622
11. Carol Dweck, «The Power of Believing that You Can Improve», TEDxNorrkoping (noviembre de 2014), https://www.ted.com/talks/

carol_dweck_the_power_of_believing_that_you_can_improve_?language=en; Paul Arden, *It's Not How Good You Are, It's How Good You Want to Be: The World's Best-Selling Book* (Londres: Phaidon Press, 2003).

12. Ronit Bodner y Drazen Prelec, «Self-Signaling and Diagnostic Utility in Everyday Decision Making», en I. Brocas y J. Carillo (eds.), *Collected Essays in Psychology and Economics* (Oxford: Oxford University Press, 2002).
13. Barry M. Staw, «The Escalation of Commitment to a Course of Action», *Academy of Management Review* 6, n.º 4 (1981): 577–587, https://doi.org/10.2307/257636

Adaptado del contenido publicado en hbr.org, 28 de agosto de 2020 (producto #H05TMN).

Índice

Gracias

REMlife